**Goethe für Anfänger**
Ein Lesebilderbuch
Mit Illustrationen von
Anette Bienkowski und
Uwe Rohe
Herausgegeben von
Matthias Altenburg

bei ztv

edition momos bei ztv
Frankfurt/M. 1986
© 1986 by ztv-Verlag, 6072 Dreieich
Postanschrift: Ziegelhüttenweg 1–3, 6000 Frankfurt/M. 70
Umschlaggestaltung: M. Altenburg
Umschlagzeichnung: A. Bienkowski
Gesamtherstellung: mt druck Walter Thiele GmbH & CO., Frankfurt/M.
Printed in the Federal Republic of Germany
ISBN 3-923597-18-5
Alle Rechte vorbehalten

# GOETHE
## für Anfänger

Ein Lesebilderbuch

«Hier hat ER in die Windeln geschissen.»

# „Goethe!" - „Wer, bitte?"

Der kaiserliche Rat Johann Kaspar Goethe ist 38 Jahre alt, als er im August 1784 die siebzehnjährige Tochter des Frankfurter Schultheißen, Katharina Elisabeth Textor, heiratet. Eine der Folgen heißt Johann Wolfgang.

Er selbst:
„Am 28. August 1749, mittags mit dem Glockenschlage zwölf, kam ich in Frankfurt am Main auf die Welt."

Die Großmutter zur Mutter:
„Rätin, er lebt!"

Die Mutter:
„Da erwachte mein mütterliches Herz und lebt seitdem in fortwährender Begeisterung."

Kermit, der Frosch:
„Applaus, Applaus!"

\*

Junge Dichter beschimpfen ihn. Und alte kriechen vor ihm zu Kreuze.
Jedes Dorf sucht nach dem Stein, auf dem er mal gesessen haben könnte.
Eine Werkausgabe jagt die nächste. Und noch eine und noch eine und noch eine.
Täglich die Busse vor seinem Geburtshaus, zum bersten voll mit Japanern. Hier hat ER in die Windeln geschissen. Klick-klick-klick. Sein Kopf aus Gips, aus Bronze und aus Marzipan. Er als Kugelschreiber, er als Weinglas, er als Sparbüchse.
Und dann der Plunder auf Papier: Er und die Weiber. Er und der

Herzog. Er und die Himbeermarmelade. Er und Müllers Kuh.
An seinem Mythos läßt sich ebensogut verdienen wie an dessen Zerstörung. Siehe hier. Jedes Wort, das man über ihn verliert, verklärt ihn aufs Neue. Also auch dieses.
Längst geistern die Zitate als Schwebeteilchen durch die Köpfe. Keiner weiß, woher sie kommen. Und eins gibts immer auch für das Gegenteil.
Die Parodien seiner Werke sind oft bekannter als die Originale. Und manchmal weiß man nicht, was zuerst da war.
Längst ist er zum Opfer seiner Verehrer geworden. Festredner und Studienräte haben seine Texte gepredigt und verhackstückt, haben jeden Krieg mit seinen Worten garniert, den gegen die Schüler, den gegen die Unmoral und den gegen die Welt. Letzteren gleich zweimal in diesem Jahrhundert. Dafür konnte er was. Er ist gekrochen und hat geschleimt. Er war ein distinguierter Depp. Und, na klar, ein Schenie. Der Arbeitgeberpräsident liest jeden Abend eines seiner Gedichte. Aber ohne sie wäre mancher deutsche Antifaschist kopflos geworden.
Sowenig es einen Hintereingang ins Paradies gibt, sowenig gibt es einen unverstellten Weg zu ihm. Geprügelt dafür, daß sie seine Verse nicht wußten, gaben die Schüler ihm die Schuld. Und konnten seinen Namen nicht mehr hören. Bewußtlos vor Bewunderung, haben die Epigonen seinen Tonfall unerträglich gemacht. Wer kann schon das Lächeln der Mona Lisa noch leiden?
Später dann der neue Textbegriff, der gleich eine ganze Generation von dem Wunsch entledigte, überhaupt noch etwas anderes als Comic-Strips lesen zu wollen.
Schwierigkeiten mit Goethe, wer hätte sie nicht?

# Los geht's...

**Was folgt, ist kein Lebensbild in Selbstzeugnissen. Was folgt, sind ein paar Steine zu einem Mosaik, das sich der Leser selbst vervollständigen kann. Versammelt werden Äußerungen Goethes und Äußerungen über ihn — manchmal klug, manchmal banal, mal dumm, mal schön.**

Bettina Brentano beginnt:

> Er spielte nicht gern mit kleinen Kindern, sie mußten denn sehr schön sein. In einer Gesellschaft fing er plötzlich an zu weinen und schrie: „Das schwarze Kind soll hinaus, das kann ich nicht leiden!"

Er selbst:

> Mit dem, was anderen Leuten genügt, kann ich nicht fertig werden.

Drum geht er 1765 nach Leipzig, um sein Jura-Studium aufzunehmen:

> So lösen sich in gewissen Epochen Kinder von Eltern, Diener von Herren, Begünstigte von Gönnern los, und ein solcher Versuch, sich auf seine Füße zu stellen, sich unabhängig zu machen, für sein eigen Selbst zu leben, er gelinge oder nicht, ist immer dem Willen der Natur gemäß.

Aber erstmal löst er Belustigung aus in der fremden Stadt:

> Das Leben in Leipzig brachte manche kleine Unannehmlichkeit; wie man denn, wenn man den Ort verändert und in neue Verhältnisse tritt, immer Einstand geben muß. Das

erste, was die Frauen an mir tadelten, bezog sich auf die Kleidung; meine Freundinnen überzeugten mich, daß ich wie aus einer fremden Welt hereingeschneit aussehe; man verlangte, daß ich den oberdeutschen Dialekt, in dem ich geboren und erzogen war, ablegen sollte. Ich fühlte mich in meinem Innersten paralysiert und wußte kaum mehr, wie ich mich über die gewöhnlichsten Dinge zu äußern hatte. Man verleidete mir die Dichter, die ich liebte, und in kurzer Zeit waren mir die schönen bunten Wiesen in den Gründen des deutschen Parnasses unbarmherzig niedergemäht. Ich fürchtete mich, einen

Reim niederzuschreiben oder ein Gedicht zu lesen, indem mir bange war, es möchte mir gegenwärtig gefallen und ich müsse es denn doch, wie so manches andere, vielleicht nächstens für schlecht erklären.

Diese Geschmacks- und Urteilsungewißheit beunruhigte mich täglich mehr, so daß ich zuletzt in Verzweiflung geriet. Nach einiger Zeit und nach manchem Kampfe warf ich eine so große Verachtung auf meine begonnenen und geendigten Arbeiten, daß ich eines Tages Poesie und Prosa, Skizzen und Entwürfe sämtlich zugleich auf dem Küchenherd verbrannte und durch den das ganze Haus erfüllenden Rauchqualm unsere gute alte Wirtin in nicht geringe Furcht und Angst versetzte.

Ihn selbst versetzen zur gleichen Zeit die hübschen, jungen Mädchen in flatterhafte Begeisterung:

> Nun übertrug ich meine frühere Neigung zu Gretchen auf ein Ännchen, von der ich nicht mehr zu sagen wüßte, als daß sie jung, hübsch, munter, liebevoll und so angenehm war, daß sie wohl verdiente, in dem Schrein des Herzens eine Zeitlang als eine kleine Heilige aufgestellt zu werden. Weil aber dergleichen Verhältnisse, je unschuldiger sie sind, desto weniger Mannigfaltigkeit auf die Dauer gewähren, so ward ich von jener bösen Sucht befallen, die uns verleitet, aus der Quälerei der Geliebten eine Unterhaltung zu schaffen und die Ergebenheit eines Mädchens mit willkürlichen und tyrannischen Grillen zu beherrschen.

Und schon hat er das Wesen der Liebe erkannt:

> Welch Glück ists, ein leichtes, ein freies Herz zu haben! Mut treibt uns an Beschwerlichkeit, an Gefahren; aber große Freuden werden nur mit großer Mühe erworben. Und das ist vielleicht das meiste was ich gegen die Liebe habe; man sagt sie mache mutig. Nimmer mehr. Sobald unser Herz weich ist, ist es schwach. Mutig wird wohl der Liebhaber, der in Gefahr kommt, sein Mädchen zu verlieren, aber das ist nicht mehr Liebe, das ist Neid. Wenn ich Liebe sage, so verstehe ich die wiegende Empfindung, in der unser Herz schwimmt, immer auf einem Fleck sich hin und her bewegt, wenn irgend ein Reiz es aus der gewöhnlichen Bahn der Gleichgültigkeit gerückt hat. Wir sind wie Kinder auf dem Schaukelpferd, immer in Bewegung, immer in Arbeit, und nimmer vom Fleck.

Vom Fleck allerdings kommt der technische Fortschritt. Umso schneller, seit James Watt dieser Tage die Dampfmaschine erfunden hat. Goethe hat Befürchtungen:

Das überhandnehmende Maschinenwesen quält und ängstigt mich. Es wälzt sich heran wie ein Gewitter, langsam, langsam; aber es hat eine Richtung genommen, es wird kommen und treffen. — Wer möchte sich solche Schrecknisse gern vergegenwärtigen. Man denke sich dieses frohe Land, diese geputzte Menge; und man denke, wie das nach und nach zusammensinken, absterben, wie die Öde, durch Jahrhunderte belebt und bevölkert, wieder in ihre uralte Einsamkeit

zurückfallen werde. — Ich weiß recht gut, daß man in der Nähe mit dem Gedanken umgeht, selbst Maschinen zu errichten und die Nahrung der Menge an sich zu reißen. Ich käme mir verächtlich vor, sollt ich diese guten Menschen plündern und sie zuletzt arm und hilflos wandern sehen; und wandern müssen sie, früher oder später. Sie ahnen, sie wissen, sie sagen es, und niemand entschließt sich zu irgendeinem heilsamen Schritte. Hier bleibt nur ein doppelter Weg, einer so traurig wie der andere; entweder selbst das Neue zu ergreifen und das Verderben zu beschleunigen, oder aufzubrechen, die Besten und Würdigsten mit sich fort zu ziehen und ein günstigeres Schicksal jenseits der Meere zu suchen.

Aber 1770 geht Goethe erstmal nach Straßburg, um sein juristisches Studium zu beenden. Er lernt auch anderes:

> Sehen wir nun während unseres Lebensganges dasjenige von anderen geleistet, wozu wir selbst früher einen Beruf fühlten, ihn aber mit manchem andern aufgeben mußten, dann tritt das schöne Gefühl ein, daß die Menschheit zusammen erst der wahre Mensch ist, und daß der einzelne nur froh und glücklich sein kann, wenn er den Mut hat, sich im Ganzen zu fühlen.

Im Herbst 1770 unternimmt er einen folgenreichen Ausflug nach Sesenheim:

> Mein Tischgenosse Weyland hatte mir öfters von einem Landgeistlichen gesprochen, der nahe bei Drusenheim, sechs Stunden von Straßburg, im Besitz einer guten Pfarre mit einer verständigen Frau und ein paar liebenswürdigen Töchtern lebe. Die Gastfreiheit und Anmut dieses Hauses ward immer dabei höchlich gerühmt. So viel bedurfte es kaum, um einen jungen Ritter anzureizen, der sich schon angewöhnt hatte, alle abzumüßigenden Tage und Stunden zu Pferde und in freier Luft zuzubringen. Also entschlossen wir uns auch zu dieser Partie. ( . . . )
> Die ältere Tochter kam wieder hastig in die Stube, unruhig, ihre Schwester nicht gefunden zu haben. Man war besorgt um sie, nur der Vater sagte ganz ruhig: „Laßt sie immer gehen, sie kommt schon wieder." — In diesem Augenblick trat sie wirklich in die Tür; und da ging fürwahr an diesem ländlichen Himmel ein allerliebster Stern auf. Sie trug ein kurzes, weißes Röckchen mit einer Falbel, nicht länger als daß die nettesten Füßchen bis an die Knöchel sichtbar blie-

ben; ein knappes weißes Mieder und eine schwarze Taftschürze — so stand sie auf der Grenze zwischen Bäuerin und Städterin. Schlank und leicht, als wenn sie nichts an sich zu tragen hätte, schritt sie, und beinahe schien für die gewaltigen blonden Zöpfe der Hals zu zart. Aus heiteren blauen Augen blickte sie sehr deutlich umher und das artige Stumpfnäschen forschte so frei in die Luft, als wenn es in der Welt keine Sorgen geben könnte, der Strohhut hing ihr am Arm, und so hatte ich das Vergnügen, sie beim ersten Blick auf einmal in ihrer ganzen Anmut und Lieblichkeit zu sehen und zu erkennen.

**Aus Vergnügen wird Liebe. Aus Liebe wird Lyrik.**

WILLKOMMEN UND ABSCHIED

Es schlug mein Herz geschwind zu Pferde!
Es war getan fast eh gedacht.
Der Abend wiegte schon die Erde,
Und an den Bergen hing die Nacht:
Schon stand im Nebelkleid die Eiche,
Ein aufgetürmter Riese, da,
Wo Finsternis aus dem Gesträuche
Mit hundert schwarzen Augen sah.

Der Mond von einem Wolkenhügel
Sah kläglich aus dem Duft hervor,
Die Winde schwangen leise Flügel,
Umsausten schauerlich mein Ohr;

Die Nacht schuf tausend Ungeheuer,
Doch frisch und fröhlich war mein Mut:
In meinen Adern welches Feuer!
In meinem Herzen welche Glut!

Dich sah ich und die milde Freude
Floß von dem süßen Blick auf mich;
Ganz war mein Herz an deiner Seite
Und jeder Atemzug für dich.
Ein rosenfarbnes Frühlingswetter
Umgab das liebliche Gesicht,
Und Zärtlichkeit für mich — ihr Götter!
Ich hofft es, ich verdient es nicht!

Doch ach, schon mit der Morgensonne
Verengt der Abschied mir das Herz:
In deinen Küssen welche Wonne!
In deinem Auge welcher Schmerz!
Ich ging, du standst und sahst zur Erden,
Und sahst mir nach mit nassem Blick:
Und doch, welch Glück, geliebt zu werden!
Und lieben, Götter, welch ein Glück!

Und aus Lyrik wird eine lakonische Erinnerung im Alter.

> Die zweite Tochter vom Hause hatte mich ehemals geliebt, schöner als ichs verdiente, und mehr als andre, an die ich viel Leidenschaft und Treue verwendet habe; ich mußte sie in einem Augenblick verlassen, wo es ihr fast das Leben kostete.

Am 28. August 1771, seinem 22. Geburtstag, bittet Goethe beim Frankfurter Schöffengericht um Zulassung zur Advokatur. Und w‏ie!

Wohl- und Hochgebohrne Vest und Hochgelahrte, Hoch und Wohlfürsichtige, Insbesonders Hochgebietende und Hochgeehrtester Herren Gerichtsschultheiß und Schöffen. Ewre Wohl auch Hochedelgebohrne Gestreng und Herrlichkeit habe ich die Ehre mit einer erstmaligen, ganz gehorsamsten Bitte geziemend anzugehen, deren Gewährung mir Hochderoselben angewohnte Gültigkeit in der schmeichelhaftesten Hoffnung voraussehen läßt.

Was man mit Sprache alles machen kann, gell, Herr Goethe. An Herder schreibt er anders:

> Dreingreifen, packen ist das Wesen jeder Meisterschaft. Ich finde, daß jeder Künstler, solang seine Hände nicht plastisch arbeiten, nichts ist. Es ist alles so Blick bei Euch, sagtet Ihr mir oft. Jetzt versteh ichs, tue die Augen zu und tappe. Es muß gehen oder brechen.

Kaum gesagt, schon greift er wieder drein. In Wetzlar, wo er sein Praktikum absolviert, lernt er Charlotte Buff kennen. Ihr Verlobter, Christian Kestner, notiert in sein Tagebuch (1772):

> Den 13. August abends machte mir Lottchen das Geständnis von einem Kuß. Darüber kleine Verstimmung, welche andern Tags wieder vorbei war ...
>
> Den 14. August abends kam Goethe von einem Spaziergang zu uns. Er ward gleichgültig traktiert, ging aber bald weg ...
> Am 15. kam Goethe abends um 10.00 Uhr und fand uns vor der Türe sitzen. Seine Blumen wurden gleichgültig liegen gelassen. Er empfand es, warf sie weg, redete in Gleichnissen. Ich ging mit Goethe noch nachts bis 12.00 Uhr auf der Gasse spazieren. Merkwürdiges Gespräch, da er voll Unmut war, und allerhand Phantasien hatte, worüber wir am Ende im Mondschein an eine Mauer gelehnt, lachten ...
>
> Den 16. bekam Goethe von Lottchen gepredigt. Sie deklariert ihm, daß er nichts als Freundschaft hoffen dürfe, er ward blaß und sehr niedergeschlagen.

Kurz nachdem Goethe Wetzlar verlassen hat, erschießt sich dort ein junger Mann namens Jerusalem. Er war verliebt gewesen in eine verheiratete Frau. Goethe erkennt seinen eigenen Fall wieder.

Der Selbstmord ist ein Ereignis der menschlichen Natur, welches, mag auch darüber schon soviel gesprochen und gehandelt sein als da will, doch einen jeden Menschen zur Teilnahme fordert, in jeder Zeitepoche wieder einmal verhandelt werden muß. Da ich selbst in dem Fall war, daß mir eigentlich aus Mangel von Taten in dem friedlichsten Zustande von der Welt durch übertriebene Forderungen an mich selbst das Leben verleidete, und da ich selbst am besten weiß, was für Pein ich darin erlitten, was für Anstrengung es mir gekostet, ihr zu entgehn, so will ich nicht verbergen, daß ich über die verschiedensten Todesarten, die man wählen

könnte, wohlbedächtige Betrachtungen angestellt.
Unter einer ansehnlichen Waffensammlung besaß ich auch einen kostbaren wohlgeschliffenen Dolch. Diesen legte ich mir jederzeit neben das Bett, und ehe ich das Licht auslöschte, versuchte ich, ob es mir wohl gelingen möchte, die scharfe Spitze ein paar Zoll tief in die Brust zu senken. Da dies aber niemals gelingen wollte, so lachte ich mich zuletzt selbst aus, warf alle hypochondrischen Fratzen hinweg und beschloß zu leben. Um dies aber mit Heiterkeit tun zu können, mußte ich eine dichterische Aufgabe zur Ausführung bringen, wo alles, was ich über diesen wichtigen Punkt empfunden, gedacht und gewähnt, zur Sprache kommen sollte.

**Und so kommt es. „Die Leiden des jungen Werther" entstehen, erscheinen und werden ein Riesenerfolg. Werthers Ende:**

Ein Nachbar sah den Blick vom Pulver und hörte den Schuß fallen; da aber alles stille blieb, achtete er nicht weiter drauf. Morgens um sechse tritt der Bediente herein mit dem Lichte. Er findet seinen Herrn an der Erde, die Pistole und Blut. Er ruft, er faßt ihn an; keine Antwort, er röchelt nur noch. Er läuft nach den Ärzten, nach Alberten. Lotte hört die Schelle ziehen, ein Zittern ergreift alle ihre Glieder. Sie weckt ihren Mann, sie stehen auf, der Bediente bringt heulend und stotternd die Nachricht, Lotte sinkt ohnmächtig vor Alberten nieder.

Als der Medikus zu dem Unglücklichen kam, fand er ihn an der Erde ohne Rettung, der Puls schlug, die Glieder waren alle gelähmt. Über dem rechten Auge hatte er sich durch den Kopf geschossen, das Gehirn war herausgetrieben. Man ließ ihm zum Überfluß eine Ader am Arme, das Blut lief, er holte noch immer Atem.

Aus dem Blut auf der Lehne des Sessels konnte man schließen, er habe sitzend vor dem Schreibtische die Tat vollbracht, dann ist er heruntergesunken, hat sich konvulsivisch um den Stuhl herumgewälzt. Er lag gegen das Fenster entkräftet auf dem Rücken, war in völliger Kleidung, gestiefelt, im blauen Frack mit gelber Weste.

Das Haus, die Nachbarschaft, die Stadt kam in Aufruhr. Albert trat herein. Werthern hatte man auf das Bett gelegt, die Stirn verbunden, sein Gesicht schon wie eines Toten, er rührte kein Glied. Die Lunge röchelte noch fürchterlich, bald schwach, bald stärker; man erwartete sein Ende.

Von dem Weine hatte er nur ein Glas getrunken. „Emilia Galotti" lag auf dem Pulte aufgeschlagen.

Von Alberts Bestürzung, von Lottens Jammer laßt mich nichts sagen.

Der alte Amtmann kam auf die Nachricht hereingesprengt, er küßte den Sterbenden unter den heißesten Tränen. Seine ältesten Söhne kamen bald nach ihm zu Fuße, sie fielen neben dem Bette nieder im Ausdrucke des unbändigsten Schmerzens, küßten die Hände und den Mund, und der älteste, den er immer am meisten geliebt, hing an seinen Lippen, bis er verschieden war und man den Knaben mit

Gewalt wegriß. Um zwölfe mittags starb er. Die Gegenwart des Amtmannes und seine Anstalten tuschten einen Auflauf. Nachts gegen eilfe ließ er ihn an die Stätte begraben, die er sich erwählt hatte. Der Alte folgte der Leiche und die Söhne, Albert vermocht's nicht. Man fürchtete für Lottens Leben. Handwerker trugen ihn. Kein Geistlicher hat ihn begleitet.

**Das Buch macht den vierundzwanzigjährigen Goethe zu einem der bekanntesten Schriftsteller und manchen seiner Leser zum Selbstmörder.**

Ich fühlte mit wie nach einer Generalbeichte wieder froh und frei und zu einem neuen Leben berechtigt. Das alte Hausmittel war mir diesmal vortrefflich zustatten gekommen. Wie ich mich aber dadurch erleichtert und aufgeklärt fühlte, die Wirklichkeit in Poesie verwandelt zu haben, so verwirrten sich meine Freunde daran, indem sie glaubten, man müsse die Poesie in Wirklichkeit verwandeln, einen solchen Roman nachspielen und sich allenfalls selbst erschießen.

Die „Hamburgischen Nachrichten" vom 21. März 1775:

Welcher Jüngling kann eine solche verfluchungswürdige Schrift lesen, ohne ein Pestgeschwür davon in seiner Seele zurückzubehalten, welches gewiß zu seiner Zeit ausbrechen wird. Und keine Zensur hindert den Druck solcher Lockspeisen des Satans. Die Verleger haben den Mut, ihren Namen auf dieselben zu setzen. Die Zeitungsposaunen heben den höchsten Ton zu ihrem Lobe an. Ewiger Gott! Was für Zeiten hast du uns erleben lassen!

Es will mir nur
nicht gelingen

Andere halten mehr von dem jungen Meister des Wortes. Zimmermann, ein Straßburger Arzt, berichtet seiner Weimarer Briefpartnerin Charlotte von Stein:

> Sie wollen, daß ich Ihnen von Goethe spreche? Sie bedenken nicht, meine arme Freundin, daß dadurch der Wunsch in ihnen entstehen wird, ihn zu sehen, und Sie wissen nicht, wie sehr dieser liebenswerte Mensch Ihnen gefährlich werden könnte.
>
> Jemand, der mich neulich besuchte, machte mir folgende Schilderung von Goethe: 24 Jahre alt, Rechtsgelehrter, guter Advokat, Kenner und Leser der Alten, besonders der Griechen, Dichter und Schriftsteller, orthodox, Ketzer, Possentreiber, Musikus, zeichnet frappant, ätzt in Kupfer, gießt in

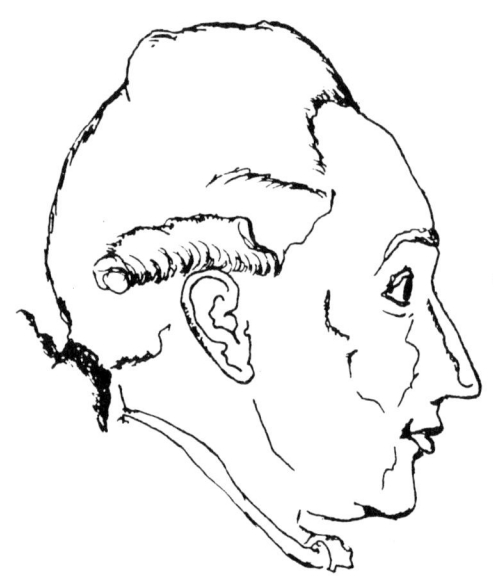

Gips, schneidet in Holz — kurz, er ist ein großes Genie, aber ein furchtbarer Mensch.

Eine Frau von Welt, die ihn häufig gesehen, sagte mir, Goethe sei der schönste, der lebhafteste, der originalste, glühendste, ungestümste, zugleich sanfteste, verführerischste, kurz der für das Herz einer Frau gefährlichste Mann, den sie in ihrem ganzen Leben getroffen habe.

**Goethe ist da ganz der gleichen Meinung.**

Ich habe niemals einen präsumtuoseren - einen mehr von sich eingenommenen - Menschen gekannt als mich selbst, und daß ich das sage, zeigt schon, daß wahr ist, was ich sage. Niemals glaubte ich, daß etwas zu erreichen wäre, immer dachte ich, ich hätt es schon. Man hätte mir eine Krone aufsetzen können, und ich hätte gedacht, das verstehe sich von selbst. Und doch war ich gerade dadurch nur ein Mensch wie andere. Aber daß ich das über meine Kräfte Ergriffene durchzuarbeiten, das über mein Verdienst Erhaltene zu verdienen suchte, dadurch unterschied ich mich bloß von einem wahrhaft Wahnsinnigen. — Erst war ich den Menschen unbequem durch meinen Irrtum, dann durch meinen Ernst. Ich mochte mich stellen, wie ich wollte, so war ich allein.

**Ende des Jahres 1775 siedelt Goethe auf Einladung des jungen Herzogs Karl August nach Weimar über. Der spanische Kulturphilosoph Ortega y Gaset kommentiert:**

In dem Augenblick, da in dieser königlichen Seele der heroische Frühling einer echten deutschen Poesie aufblüht, schneidet ihn Weimar von Deutschland ab, reißt seine Wurzeln aus dem deutschen Boden und verpflanzt ihn in den humusarmen Topf eines Liliputhofes. Wie beglückend wäre für die Menschheit ein Goethe gewesen, der in Unsicherheit, von der Umwelt bedrängt und unter dem Zwang gelebt hätte, die wunderbaren, in ihm schlummernden Kräfte zu lösen.

Ein halbes Jahr nach Goethes Ankunft berichtet Johann Heinrich Voß seiner Braut:

> In Weimar geht es schrecklich zu. Der Herzog läuft mit Goethen wie ein wilder Pursche auf den Dörfern herum, er besauft sich und genießet brüderlich einerlei Mädchen mit ihm. Ein Minister, ders gewagt hat, ihm seiner Gesundheit halber die Ausschweifungen abzuraten, hat zur Antwort gekriegt: Er müßte es tun, sich zu stärken.

Goethe selbst:

> Ich treibs hier freilich toll genug, und denk oft an dich. (...) Ich bin nur ganz in alle Hof- und politschen Händel verwickelt und werde fast nicht wieder weg können. Meine Lage ist vorteilhaft genug, und die Herzogtümer Weimar und Eisenach immer ein Schauplatz, um zu versuchen, wie einem die Weltrolle zu Gesicht stünde. Ob ich gleich mehr als jemals am Platz bin, das durchaus Scheißige dieser zeitlichen Herrlichkeit zu erkennen. Eben drum, adieu! — Ich hab einen Streich gemacht, der hoffentlich durchgeht und dir hoher Spaß sein wird.

Im November des Jahres 1777 reitet er allein durch den Harz. Er schreibt an Cahrlotte von Stein:

> Wie sehr ich wieder, auf diesem dunklen Zug, Liebe zu der Klasse von Menschen gekriegt habe, die man niedre nennt,

die aber gewiß für Gott die höchste ist. Da sind doch alle Tugenden beisammen, Beschränktheit, Genügsamkeit, grader Sinn, Treue, Freude über das leidlichste Gute, Harmlosigkeit, Dulden — Ausharren.

Der Nutzen aber, den das auf meinen phantastischen Sinn hat, mit lauter Menschen umzugehen, die ein bestimmtes, einfaches, dauerndes, wichtiges Geschäft haben, ist unsäglich. Es ist wie ein kaltes Bad, das einen aus der bürgerlich-wollüstigen Abspannung wieder zu einem neuen, kräftigen Leben zusammenzieht.

Ich denke des Tags hundert Mal an den Herzog und wünsche ihm den Mitgenuß so eines Lebens, aber den rechten leckeren Geschmack davon kann er noch nicht haben, er gefällt sich noch zu sehr, das Natürliche zu was Abenteuerlichem zu machen, statt daß es einem erst wohl tut, wenn das Abenteuerliche natürlich wird.

Um sich seinen wachsenden Verpflichtungen und enger werdenden Verstrickungen in Weimar zu entziehen, fährt Goethe im Sommer 1786 nach Karlsbad. Ohne jemanden von seinen Plänen zu berichten, tritt er nach einem kurzen Badeaufenthalt seine fast zweijährige Italienreise an.

Den 3. September früh drei Uhr stahl ich mich aus dem Karlsbad weg, man hätte mich sonst nicht fortgelassen. Man merkte wohl, daß ich fort wollte ... ich ließ mich aber nicht hindern, denn es war Zeit ...

In Tagebüchern, Reisebildern und Briefen berichtet er über seine Erfahrungen.

Neapel, im Februar und März 1787
Man sage, erzähle, male, was man will, hier ist mehr als alles. Die Ufer, Buchten und Busen des Meeres, der Vesuv, die Stadt, die Vorstädte, die Kastelle, die Lusträume! — Ich verzieh es allen, die in Neapel von Sinnen kommen, und erinnerte mich mit Rührung meines Vaters, der einen unauslöschlichen Eindruck besonders von den Gegenständen, die ich heut zum erstenmal sah, erhalten hatte. Und wie man sagt, daß einer, dem ein Gespenst erschienen, nicht wieder froh wird, so konnte man umgekehrt von ihm sagen, daß er nie ganz unglücklich werden konnte, weil er sich immer wieder nach Neapel dachte. Ich bin nun nach meiner Art ganz stille und mache nur, wenns gar zu toll wird, große, große Augen. (...)
Neapel ist ein Paradies; jedermann lebt in einer Art trunkner Selbstvergessenheit. Mir geht es ebenso; ich erkenne mich

kaum, ich scheine mir ein ganz anderer Mensch. Gestern dacht ich: entweder du warst sonst toll, oder du bist es jetzt. Wenn ich Worte schreiben will, so stehen mir immer Bilder vor Augen, des fruchtbaren Landes, des freien Meeres, der duftigen Inseln, des rauchenden Berges, und mir fehlen die Organe, das alles darzustellen.

Ich habe viel gesehen, und noch mehr gedacht: die Welt eröffnet sich mehr und mehr; auch alles, was ich schon lange weiß, wird mir erst eigen.

Neapel, den 28. Mai 1787

Der gute und so brauchbare Volkmann nötigt mich, von Zeit zu Zeit von seiner Meinung abzugehen. Er spricht z. B., daß dreißig- bis vierzigtausend Müßiggänger in Neapel zu finden wären, und wer spricht's ihm nicht nach! Ich vermutete zwar sehr bald nach einiger erlangter Kenntnis des südlichen Zustandes, daß dies wohl eine nordische Ansicht sein möchte, wo man jeden für einen Müßiggänger hält, der sich nicht den ganzen Tag ängstlich abmüht. Ich wendete deshalb vorzügliche Aufmerksamkeit auf das Volk, es mochte sich bewegen oder in Ruhe verharren, und konnte zwar sehr viel übelgekleidete Menschen bemerken, aber keine unbeschäftigten. Ich fragte deswegen einige Freunde nach den unzähligen Müßiggängern, welche ich doch auch wollte kennenlernen; sie konnten mir aber solche ebensowenig zeigen, und so ging ich, weil die Untersuchung mit Betrachtung der Stadt genau zusammenhing, selbst auf die Jagd aus.

Ich fing an, mich in dem ungeheueren Gewirre mit den verschiedenen Figuren bekannt zu machen, sie nach ihrer Gestalt, Kleidung, Betragen, Beschäftigung zu beurteilen und zu klassifizieren. Ich fand diese Operation hier leichter als irgendwo, weil der Mensch sich hier mehr selbst gelassen ist und sich seinem Stande auch äußerlich gemäß bezeigt.

Ich fing meine Beobachtung bei früher Tageszeit an, und alle die Menschen, die ich hie und da stillstehen oder ruhen fand, waren Leute, deren Beruf es in dem Augenblick mit sich brachte.

Die Lastträger, die an verschiedenen Plätzen ihre privilegierten Stände haben und nur erwarten, bis sich jemand ihrer bedienen will; die Kalessaren, ihre Knechte und Jungen, die bei den einspännigen Kaleschen auf den großen Plätzen stehen, ihre Pferde besorgen und einem jeden, der sie verlangt, zu Diensten sind; Schiffer, die auf dem Molo ihre Pfeife rauchen; Fischer, die an der Sonne liegen, weil vielleicht ein ungünstiger Wind weht, der ihnen auf das Meer auszufahren verbietet. Ich sah auch wohl noch manche hin und wider gehen, doch trug meist ein jeder ein Zeichen seiner Tätigkeit mit sich. Von Bettlern war keiner zu bemerken als ganz alte, völlig unfähige und krüppelhafte Menschen. Je

mehr ich mich umsah, je genauer ich beobachtete, desto weniger konnt ich, weder von der geringen noch von der mittleren Klasse, weder am Morgen noch den größten Teil des Tages, ja von keinem Alter und Geschlecht eigentlich Müßiggänger finden.
Ich gehe in ein näheres Detail, um das, was ich behaupte, glaubwürdiger und anschaulicher zu machen. Die kleinsten Kinder sind auf mancherlei Weise beschäftigt. Ein großer Teil derselben trägt Fische zum Verkauf von Santa Lucia in die Stadt; andere sieht man sehr oft in der Gegend des Arsenals, oder wo sonst etwas gezimmert wird, wobei es Späne gibt, auch am Meere, welches Reiser und kleines Holz auswirft, beschäftigt, sogar die kleinsten Stückchen in Körben aufzulesen. Kinder von einigen Jahren, die nur auf der Erde so hinkriechen, in Gesellschaft älterer Knaben von fünf bis sechs Jahren, befassen sich mit diesem kleinen Gewerbe. Sie gehen nachher mit den Körbchen tiefer in die Stadt und setzen sich mit ihren kleinen Holzportionen gleichsam zu Markte. Der Handwerker, der kleine Bürger kauft es ihnen ab, brennt es auf seinem Dreifuß zu Kohlen, um sich daran zu erwärmen, oder verbraucht es in seiner sparsamen Küche. Andere Kinder tragen das Wasser der Schwefelquellen, welches besonders im Frühjahr sehr stark getrunken wird, zum Verkauf herum. Andere suchen einen kleinen Gewinn, indem sie Obst, gesponnenen Honig, Kuchen und Zuckerware einkaufen und wieder als kindische Handelsleute den übrigen Kindern anbieten und verkaufen; allenfalls nur, um ihren Teil daran umsonst zu haben. Es ist wirklich artig anzusehen, wie ein solcher Junge, dessen ganzer Kram und Gerätschaft in einem Brett und Messer besteht, eine Wassermelone oder einen halben gebratenen Kürbis herumträgt, wie sich

um ihn eine Schar Kinder versammelt, wie er sein Brett niedersetzt und die Frucht in kleine Stücke zu zerteilen anfängt. Die Käufer spannen sehr ernsthaft, ob sie auch für ihr klein Stückchen Kupfergeld genug erhalten sollen, und der kleine Handelsmann traktiert gegen die Begierigen die Sache ebenso bedächtig, damit er ja nicht um ein Stückchen betrogen werde. Ich bin überzeugt, daß man bei längerem Aufenthalt noch manche Beispiele solchen kindischen Erwerbes sammeln könnte.

Eine sehr große Anzahl von Menschen, teils mittleren Alters, teils Knaben, welche meistenteils sehr schlecht gekleidet sind, beschäftigen sich, das Kehricht auf Eseln aus der Stadt zu bringen. Das nächste Feld um Neapel ist nur ein Küchengarten, und es ist eine Freude, zu sehen, welche unsägliche Menge von Küchengewächsen alle Markttage hereingeschafft wird und wie die Industrie der Menschen sogleich die überflüssigen, von den Köchen verworfenen Teile wieder in die Felder bringt, um den Zirkel der Vegetation zu beschleunigen. Bei der unglaublichen Konsumtion von Gemüse machen wirklich die Strünke und Blätter von Blumenkohl, Broccoli, Artischocken, Kohl, Salat, Knoblauch einen großen Teil des neapolitanischen Kehrichts aus; diesen wird denn auch besonders nachgestrebt. Zwei große biegsame Körbe hängen auf dem Rücken eines Esels und werden nicht allein ganz voll gefüllt, sondern noch auf jeden mit besonderer Kunst ein Haufen aufgetürmt. Kein Garten kann ohne einen solchen Esel bestehen. Ein Knecht, ein Knabe, manchmal der Patron selbst eilen des Tags so oft als möglich nach der Stadt, die ihnen zu allen Stunden eine reiche Schatzgrube ist. Wie aufmerksam diese Sammler auf den Mist der Pferde und Maultiere sind, läßt sich denken. Ungern verlassen sie die

JOHANN WOLFGANGS BEMERKUNGEN ZU EINEM VORGÄNGER
TO BE OR NOT TO BE
ICH WAR NIE SO BANAL
WILIAM
ÄHH – WIRKLICH NIE!
ICH BIN BERLICHINGEN

GOETHE WAR RATIONALIST

ZWISCHEN

KIEFERKNOCHEN

Straße, wenn es Nacht wird, und die Reichen, die nach Mitternacht aus der Oper fahren, denken wohl nicht, daß schon vor Anbruch des Tages ein emsiger Mensch sorgfältig die Spuren ihrer Pferde aufsuchen wird. Man hat mir versichert, daß ein paar solche Leute, die sich zusammentun, sich einen Esel kaufen und einem größern Besitzer ein Stückchen Krautland abpachten, durch anhaltenden Fleiß in dem glücklichen Klima, in welchem die Vegetation niemals unterbrochen wird, es bald so weit bringen, daß sie ihr Gewerbe ansehnlich erweitern.

Ich würde zu weit aus meinem Wege gehen, wenn ich hier von der mannigfaltigen Krämerei sprechen wollte, welche man mit Vergnügen in Neapel wie in jedem andern großen Orte bemerkt; allein ich muß doch hier von den Herumträgern sprechen, weil sie der letztern Klasse des Volks besonders angehören. Einige gehen herum mit Fäßchen Eiswasser, Gläsern und Zitronen, um überall gleich Limonade machen zu können, einen Trank, den auch der Geringste nicht zu entbehren vermag; andere mit Kredenztellern, auf welchen Flaschen mit verschiedenen Likören und Spitzgläsern, in hölzernen Ringen vor dem Fallen gesichert, stehen; andere tragen Körbe allerlei Backwerks, Näscherei, Zitronen und anderes Obst umher, und es scheint, als wolle jeder das große Fest des Genusses, das in Neapel alle Tage gefeiert wird, mitgenießen und vermehren.

Wie diese Art Herumträger geschäftig sind, so gibt es noch eine Menge kleine Krämer, welche gleichfalls herumgehen und, ohne viele Umstände, auf einem Brett, in einem Schachteldeckel ihre Kleinigkeiten oder auf Plätzen, geradezu auf flacher Erde, ihren Kram ausbieten. Da ist nicht von einzelnen Waren die Rede, die man auch in größern Läden fände, es ist der eigentliche Trödelkram. Kein Stückchen Eisen, Leder, Tuch, Leinewand, Filz usw., das nicht wieder als Trödelware zu Markte käme und das nicht wieder von einem oder dem andern gekauft würde. Noch sind viele Menschen der niedern Klasse bei Handelsleuten und Handwerkern als Beiläufer und Handlanger beschäftigt.

Es ist wahr, man tut nur wenig Schritte, ohne einem sehr übelgekleideten, ja sogar einem zerlumpten Menschen zu begegnen, aber dies ist deswegen noch kein Faulenzer, kein Tagedieb! Ja, ich möchte fast das Paradoxon aufstellen, daß zu Neapel verhältnismäßig vielleicht noch die meiste Industrie in der ganz niedern Klasse zu finden sei. Freilich dürfen wir sie nicht mit einer nordischen Industrie vergleichen, die nicht allein für Tag und Stunde, sondern am guten und heitern Tage für den bösen und trüben, im Sommer für den Winter zu sorgen hat. Dadurch, daß der Nordländer zur Vorsorge, zur Einrichtung von der Natur gezwungen wird, daß die Hausfrau einsalzen und räuchern muß, um die Küche das ganze Jahr zu versorgen, daß der Mann den Holz- und Fruchtvorrat, das Futter für das Vieh nicht aus der Acht lassen darf usw., dadurch werden die schönsten Tage und Stunden dem Genuß entzogen und der Arbeit gewidmet. Mehrere Monate lang entfernt man sich gern aus der freien Luft und verwahrt sich in Häusern von Sturm, Regen, Schnee und Kälte; unaufhaltsam folgen die Jahreszeiten aufeinander, und jeder, der nicht zugrunde gehen will, muß ein Haushälter werden. Denn es ist hier gar nicht die Frage, ob er entbehren wolle; er darf nicht entbehren wollen, er kann nicht entbehren wollen, denn er kann nicht entbehren; die Natur zwingt ihn zu schaffen, vorzuarbeiten. Gewiß haben diese Naturwirkungen, welche sich Jahrtausende gleich bleiben, den Charakter der in so manchem Betracht ehrwürdigen nordischen Nationen bestimmt. Dagegen beurteilen wir die südlichen Völker, mit welchen der Himmel so gelinde umgegangen ist, aus unserm Gesichtspunkte zu streng. Was Herr von Pauw in seinen „Recherches sur les Grecs" bei Gelegenheit, da er von den zynischen Philosophen spricht, zu äußern wagt, paßt völlig hierher. Man mache sich, glaubt er, von dem elenden Zustande solcher Menschen nicht den richtigsten Begriff; ihr Grundsatz, alles zu entbehren, sei

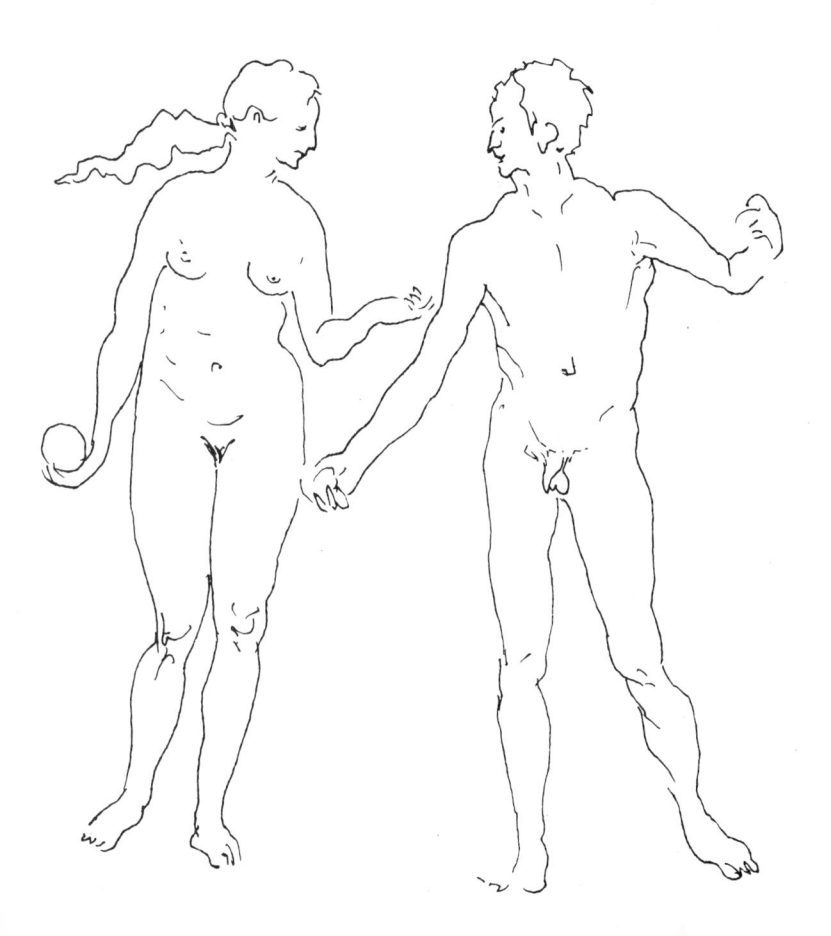

durch ein Klima sehr begünstigt, das alles gewährt. Ein armer, uns elend scheinender Mensch könne in den dortigen Gegenden die nötigsten und nächsten Bedürfnisse nicht allein befriedigen, sondern die Welt aufs schönste genießen; und ebenso möchte ein sogenannter neapolitanischer Bettler die Stelle eines Vizekönigs in Norwegen leicht verschmähen und die Ehre ausschlagen, wenn ihm die Kaiserin von Rußland das Gouvernement von Sibirien übertragen wollte.

Gewiß würde in unsern Gegenden ein zynischer Philosoph schlecht ausdauern, da hingegen in südlichen Ländern die Natur gleichsam dazu einladet. Der zerlumpte Mensch ist dort noch nicht nackt; derjenige, der weder ein eigenes Haus hat noch zur Miete wohnt, sondern im Sommer unter den Überdächern, auf den Schwellen der Paläste und Kirchen, in den öffentlichen Hallen die Nacht zubringt und sich bei schlechtem Wetter irgendwo gegen ein geringes Schlafgeld untersteckt, ist deswegen noch nicht verstoßen und elend; ein Mensch noch nicht arm, weil er nicht für den andern Tag gesorgt hat. Wenn man nur bedenkt, was das fischreiche Meer, von dessen Produkten sich jene Menschen gesetzmäßig einige Tage der Woche nähren müssen, für eine Masse von Nahrungsmitteln anbietet; wie allerlei Obst und Gartenfrüchte zu jeder Jahreszeit in Überfuß zu haben sind; wie die Gegend, worin Neapel liegt, den Namen „Terra di Lavoro" (nicht „das Land der Arbeit", sondern „das Land des Ackerbaues") sich verdient hat und die ganze Provinz den Ehrentitel der „glücklichen Gegend" („Campagna felice") schon Jahrhunderte trägt: so läßt sich wohl begreifen, wie leicht dort zu leben sein möge.

Überhaupt würde jenes Paradoxon, welches ich oben gewagt habe, zu manchen Betrachtungen Anlaß geben, wenn jemand ein ausführliches Gemälde von Neapel zu schreiben unternehmen sollte; wozu denn freilich kein geringes Talent und manches Jahr Beobachtung erforderlich sein möchte. Man würde alsdann im ganzen vielleicht bemerken, daß der sogenannte Lazzarone nicht um ein Haar untätiger ist als alle übrigen Klassen, zugleich aber auch wahrnehmen, daß alle in ihrer Art nicht arbeiten, um bloß zu leben, sondern um zu genießen, und daß sie sogar bei der Arbeit des Lebens froh werden wollen. Es erklärt sich hierdurch gar manches: daß die Handwerker beinahe durchaus gegen die nordischen Länder sehr zurück sind; daß Fabriken nicht zustande kommen; daß, außer Sachwaltern und Ärzten, in Verhältnis zu der großen Masse von Menschen wenig Gelehrsamkeit angetroffen wird, so verdiente Männer sich auch im einzelnen bemühen mögen; daß kein Maler der neapolitanischen Schule jemals gründlich gewesen und groß geworden ist; daß sich die Geistlichen im Müßiggange am wohlsten sein lassen und auch die Großen ihre Güter meist nur in sinnlichen Freuden, Pracht und Zerstreuung genießen mögen.

Ich weiß wohl, daß dies viel zu allgemein gesagt ist und daß die Charakterzüge jeder Klasse nur erst nach einer genauern Bekanntschaft und Beobachtung rein gezogen werden können, allein im ganzen würde man doch, glaube ich, auf diese Resultate treffen.

Ich kehre wieder zu dem geringen Volke in Neapel zurück. Man bemerkt bei ihnen, wie bei frohen Kindern, denen man etwas aufträgt, daß sie zwar ihr Geschäft verrichten, aber auch zugleich einen Scherz aus dem Geschäft machen. Durchgängig ist diese Klasse von Menschen eines sehr lebhaften Geistes und zeigt einen freien, richtigen Blick. Ihre Sprache soll figürlich, ihr Witz sehr lebhaft und beißend sein. Das alte Atella lag in der Gegend von Neapel, und wie ihr geliebter Pulcinell noch jene Spiele fortsetzt, so nimmt die ganz gemeine Klasse von Menschen noch jetzt Anteil an dieser Laune.

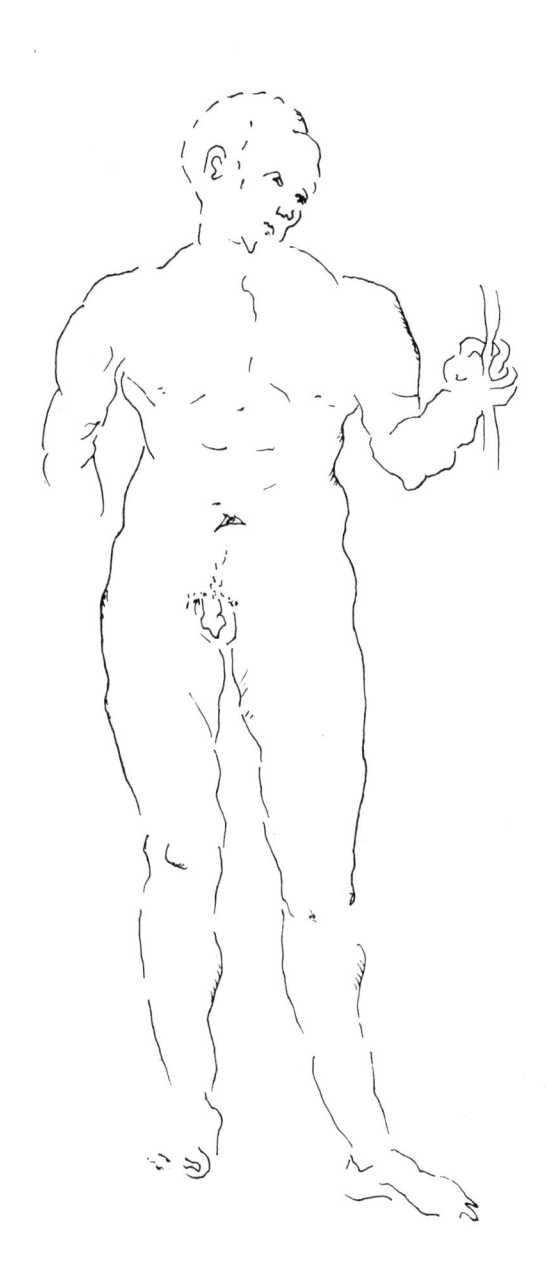

GOETHE VERWEIST AUF IPHIGENIE I

GOETHE VERWEIST AUF IPHIGENIE II

GOETHE RETTET SICH ZU CHRISTIANE VULPIUS

Am 18. Juni 1788 kehrt Goethe zurück nach Weimar.

Ich kann es keinem Reisenden, der aus Italien zurückkommt, verargen, wenn er mit Begeisterung davon redet; weiß ich doch, wie mir selber zumute gewesen ist! Ja, ich kann sagen, daß ich nur in Rom empfunden habe, was eigentlich ein Mensch sei. — Zu dieser Höhe, zu diesem Glück der Empfindung bin ich später nie wieder gekommen; ich bin, mit meinem Zustande in Rom verglichen, eigentlich nachher nie wieder froh geworden.
(...)
Aus Italien, dem formreichen, war ich in das gestaltlose Deutschland zurückgewiesen, heiteren Himmel mit einem düsteren zu vertauschen; die Freunde, statt mich zu trösten und wieder an sich zu ziehen, brachten mich zur Verzweiflung. Mein Entzücken über entfernteste, kaum bekannte Gegenstände, mein Leiden, meine Klagen über das Verlorne schien sie zu beleidigen, ich vermißte jede Teilnahme, niemand verstand meine Sprache. In diesen peinlichen Zustand wußt ich mich nicht zu finden, die Entbehrung war zu groß, an welche sich der äußere Sinn gewöhnen sollte, der Geist erwachte sonach und suchte sich schadlos zu halten.

Im Juli lernt er Christiane Vulpius, eine um 16 Jahre jüngere Fabrikarbeiterin, kennen. Und lieben. Weimar zerreißt sich das Maul. Und Schiller auch.

Goethes Philosophie mag ich auch nicht ganz: sie holt zuviel aus der Sinnenwelt, wo ich aus der Seele hole. Überhaupt ist seine Vorstellungsart zu sinnlich und betastet mir zuviel. Aber sein Geist wirkt und forscht nach allen Direktionen

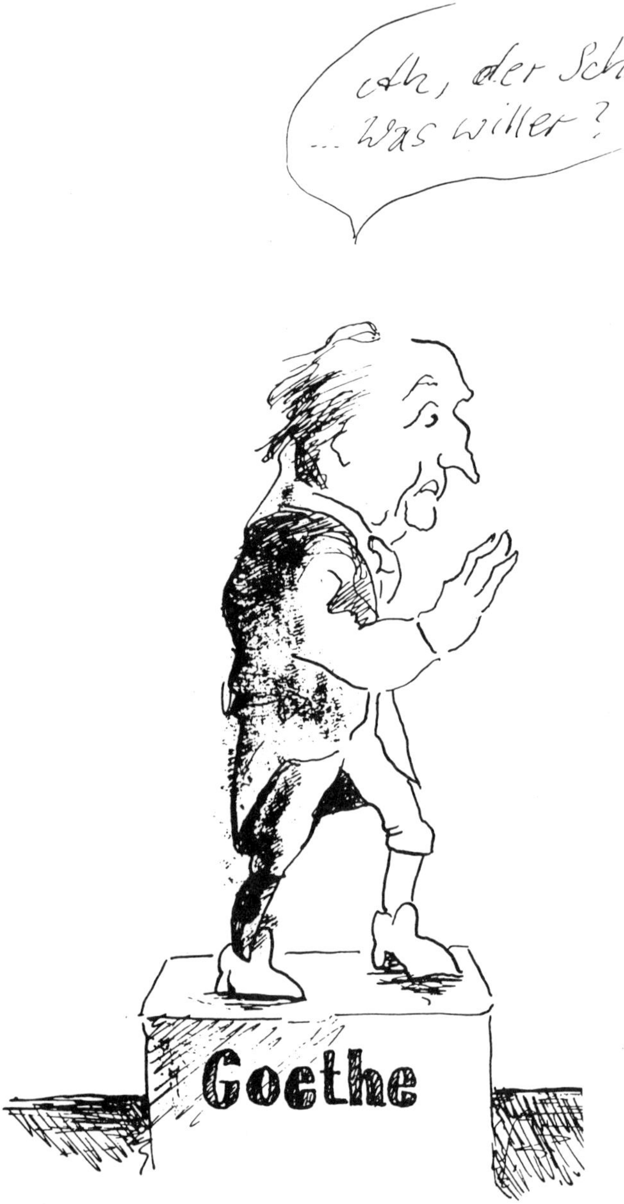
Ah, der Schiller!
... Was willer?
Goethe

und strebt, sich ein Ganzes zu erbauen, und das macht mir ihn zum großen Mann.

Übrigens ergeht es ihm närrisch genug. Er fängt an alt zu werden, und die so oft von ihm gelästerte Weiberliebe scheint sich an ihm rächen zu wollen. Er wird, wie ich fürchte, eine Torheit begehen und das gewöhnliche Schicksal eines alten Hagestolzes haben. Sein Mädchen ist eine Mamsell Vulpius, die ein Kind von ihm hat und sich nun in seinem Hause fast so gut als etabliert hat. Es ist sehr wahrscheinlich, daß er sie in wenigen Jahren heiratet. Sein Kind soll er sehr lieb haben und er wird sich bereden, daß, wenn er das Mädchen heiratet, es dem Kinde zu Liebe geschehe und daß dieses wenigstens das Lächerliche dabei vermindern könne.

Es könnte mich doch verdrießen, wenn er mit einem solchen Geniestreich aufhörte; denn man würde nicht ermangeln, es dafür anzusehen.

**Aus Schillers anfänglicher Haßliebe wird einige Jahre später Freundschaft. Goethe erinnert sich:**

Mein Verhältnis zu Schiller gründete sich auf die entschiedene Richtung beider auf einen Zweck, unsere gemeinsame Tätigkeit auf die Verschiedenheit der Mittel, wodurch wir jenen zu erreichen strebten. Bei einer zarten Differenz, die einst zwischen uns zur Sprache kam und woran ich durch eine Stelle eines Briefes wieder erinnert werde, machte ich folgende Betrachtungen. Es ist ein großer Unterschied, ob der Dichter zum Allgemeinen das Besondere sucht oder im Besonderen das Allgemeine schaut. Aus jener Art entsteht Allegorie, wo das Besondere nur als Beispiel, als Exempel des Allgemeinen gilt; die letztere aber ist eigentlich die Natur der Poesie, sie spricht ein Besonderes aus, ohne ans Allgemeine zu denken oder darauf hinzuweisen. Wer nun dieses Besondere lebendig faßt, erhält zugleich das Allgemeine mit, ohne es gewahr zu werden, oder erst spät.

Christiane ist oft allein mit August; sie schreibt Briefe:

> Ich und dein liebes Bübchen sind glücklich und wohl wieder zu Hause angelangt. Heute den ganzen Tag habe ich mich mit der Reinlichkeit deiner Zimmer beschäftigt und bin in der Komödie gewesen. Morgen werden vom ganzen Hause die Vorhänge gewaschen und den Donnerstag gebügelt, und überhaupt habe ich mir diese Woche vorgenommen, das Haus vom Boden bis runter in Ordnung zu bringen, den Sonntag mich mit dem roten Kleid zu putzen und künftige Woche die Aufsätzchen in Ordnung zu bringen, und alsdenn das Übrige wird sich finden. Stellt dir vor, wie lieb dich deine beiden Hasen haben: wie du in Kötschau von uns weg warst, gingen mir raus und sahen auf dem Berg deine Kutsche fahren, da fingen mir alle beide eins an zu heulen und sagten beide, es wäre uns so wunderlich.
> Ich wünsche dir die allerbeste und förderseligste Laune zum Gedicht.
> Leb wohl und behalt lieb
> 
> dein kleines Naturwesen.

> Wenn ich nicht gewiß geglaubt hätte, du würdest heute kommen, so hätt ich dir am Mittewoche geschrieben, daß ich kein Geld mehr habe, und so gehet es mir nun sehr schlecht, ich bin in größter Not, denn ich gebe der Köchin alleweile meinen letzten kleinen Taler. Von dem Karolin, den du mir schicktest, habe ich das Komödie-Abonnement bezahlen müssen und Starke den Taler, zwei Paar Strümpfe für dich,

habe Holz lassen machen, dem Kutscher Trinkgeld, und wenn
ich nur nicht den Dukaten von dir schon angewandt hätte, so
hätte ich doch noch was. Die Weiber, die sich etwas schmu
machen, tun doch nicht ganz übel, um im Notfall was zu
haben. Sei so gut und schicke mir durch einen Expressen
oder durch die Post was. Leb wohl und behalt mich nur lieb.

Als Christiane am 6. Juni 1816 stirbt, endet eine Verbindung, die
28 Jahre gedauert hatte. Einige Jahre später wird noch einmal
eine Liebe Goethes zum öffentlichen Ärgernis. Ulrike von Levetzow
erzählt:

Ich lernte Goethe im Jahre 1821 in Marienbad kennen (...)
Als ich ins Zimmer trat, wo meine Mutter auch war, sagte
diese: „Das ist meine älteste Tochter, Ulrike." Goethe nahm
mich bei der Hand und sah mich freundlich an und frug mich,
wie mir Marienbad gefalle. Da ich die letzten Jahre in Straßburg in einer französischen Pension zugebracht, auch erst
siebzehn Jahre alt war, wußte ich gar nichts von Goethe,

welch berühmter Mann und großer Dichter er sei, war daher auch ohne alle Verlegenheit, einem so freundlichen alten Herrn gegenüber, ohne alle Schüchternheit, welche mich sonst meist bei neuen Bekanntschaften ergriff.

(...)

Der Großherzog war es, welcher meinen Eltern und auch mir sagte, daß ich Goethe heiraten möchte; erst nahmen wir es für Scherz und meinten, daß Goethe sicher nicht daran denke, was er widersprach, und oft wiederholte, ja selbst mir es von der lockendsten Seite schilderte, wie ich die erste Dame am Hofe und in Weimar sein würde, wie sehr er, der Fürst, mich auszeichnen wolle, er würde meinen Eltern gleich ein Haus in Weimar einrichten und übergeben, damit sie nicht von mir getrennt lebten, für meine Zukunft wolle er in jeder Weise sorgen; meiner Mutter redete er sehr zu und später hörte ich, daß er ihr versprochen, daß, da nach aller Wahrscheinlichkeit ich Goethe überleben würde, er mir nach dessen Tod eine jährliche Pension von 10.000 Talern aussetzen wolle. Meine Mutter frug mich, ob ich mich wohl dazu geneigt fühle, worauf ich erwiderte, ob sie es wünsche, daß ich es tue; ihre Antwort war: Nein mein Kind, du bist noch zu jung, um daß ich dich schon jetzt verheiratet sehen möchte; doch ist der Antrag so ehrenvoll, daß ich auch nicht, ohne dich darüber zu fragen, ihn abweisen kann; du mußt es dir überlegen, ob du in einer solchen Lage den Goethe heiraten kannst. — Ich meinte: Ich brauche keine Zeit zu überlegen, ich hätte Goethe sehr lieb, so wie einen Vater, und wenn er ganz allein stünde, ich daher glauben dürfte, ihm nützlich zu sein, da wollte ich ihn nehmen; er habe ja aber durch seinen Sohn, welcher verheiratet sei, und welcher bei ihm im Hause lebt, eine Familie, welche ich ja verdrängen würde, wenn ich mich an ihre Stelle setzte; er brauche mich nicht, und die Trennung von Mutter, Schwester und Großeltern würde mir gar zu schwer; ich hätte noch gar keine Lust zu heiraten. So war es abgemacht. Goethe selbst sprach nie darüber, weder mit meiner Mutter noch mit mir, wenn er mich auch seinen Liebling nannte, doch meist: sein liebes Töchterchen.

**Als Ulrike bereits eine alte Frau ist, spricht sie mit einer Freundin über das Jugenderlebnis. Die Freundin berichtet:**

Ich wußte, daß das hübsche und wohlhabende Fräulein von Levetzow viel umworben war, und sprach ihr einmal meine Verwunderung aus, daß sie nicht geheiratet habe. „Ich bin von Goethe geliebt worden", erwiderte sie mit einem stolzen und wehmütigen Lächeln. Und dann führte sie weiter aus, daß das Neinsagen ihr einen schweren Kampf gekostet habe, aber die Furcht vor dem Altersunterschied und dem Zusammenleben mit der Schwiegertochter sei doch stärker gewesen als alle Schwärmerei. Aber sie hatte wochenlang täglich seinen Umgang genossen, hatte — soweit das einem jungen, warm und lebhaft empfindenden Mädchen möglich war — an seiner Gedanken- und Interessenwelt teilnehmen dürfen. Wenn sich ihr ein Mann huldigend näherte, so vermißte sie etwas bei ihm. Alle ließen sie kühl. War sie auch damals noch zu jung gewesen, um sich selbst an der Leidenschaft zu entzünden, die sie entflammte — später kam ihrs wohl zum Bewußtsein, daß ihr solche Glut nie wieder geboten werden konnte. Sie wies einen Freier nach dem anderen ab. „Ich hätte mich zu sehr mit ihnen gelangweilt", sagte sie.

Ab 1823 wird Johann Peter Eckermann Goethes Vertrauter und sein literarischer Berater. Eckermanns Aufzeichnungen über die „Gespräche mit Goethe in den letzten Jahren seines Lebens" sind zu einer wichtigen Ergänzung der Autobiografie des Dichters geworden.

„Die Deutschen sind übrigens wunderliche Leute! Sie machen sich durch ihre tiefen Gedanken und Ideen, die sie überall suchen und überall hineinlegen, das Leben schwerer als billig. — Ei! so habt doch endlich einmal die Courage, euch den Eindrücken hinzugeben, euch ergötzen zu lassen, euch rühren zu lassen, euch erheben zu lassen, ja, euch belehren und zu etwas Großem entflammen und ermutigen zu lassen; aber denkt nur nicht immer, es wäre alles eitel, wenn es nicht irgend abstrakter Gedanke und Idee wäre!

Da kommen sie und fragen: welche Idee ich in meinem ‚Faust'

*Warum ich den Faust inszeniert habe?......*

*... Vom Himmel...*

zu verkörpern gesucht. Als ob ich das selber wüßte und aussprechen könnte! Vom Himmel durch die Welt zur Hölle, das wäre zur Not etwas; aber das ist keine Idee, sondern Gang der Handlung. Und ferner, daß der Teufel die Wette verliert und daß ein aus schweren Verirrungen immerfort zum Besseren aufstrebender Mensch zu erlösen sei, das ist zwar ein wirksamer, manches erklärender guter Gedanke, aber es ist keine Idee, die dem Ganzen und jeder einzelnen Szene im besonderen zugrunde liege. Es hätte auch in der Tat ein schönes Ding werden müssen, wenn ich ein so reiches, buntes und so höchst mannigfaltiges Leben, wie ich es im ‚Faust' zur Anschauung gebracht, auf die magere Schnur einer einzigen durchgehenden Idee hätte reihen wollen!"
„Es war im ganzen", fuhr Goethe fort, „nicht meine Art, als Poet nach der Verkörperung von etwas Abstraktem zu streben. Ich empfing in meinem Innern Eindrücke, und zwar Eindrücke sinnlicher, lebensvoller, lieblicher, bunter, hun-

*...durch die Welt...*

dertfältiger Art, wie eine rege Einbildungskraft es mir darbot; und ich hatte als Poet weiter nichts zu tun, als solche Anschauungen und Eindrücke in mir künstlerisch zu runden und auszubilden und durch eine lebendige Darstellung so zum Vorschein zu bringen, daß andere dieselben Eindrücke erhielten, wenn sie mein Dargestelltes hörten oder lasen."
(...)

Sonntag, den 6. Mai 1827

*...zur Hölle!...*

*... oder? Mir ist nichts anderes eingefallen!*

„Ich bin dort nicht zum besten angeschrieben. Ich will Ihnen davon eine Geschichte erzählen. Als die Mutter des jetzt regierenden Herrn noch in hübscher Jugend war, befand ich mich dort sehr oft. Ich saß eines Abends bei ihr alleine am Teetische, als die beiden zehn- bis zwölfjährigen Prinzen, zwei hübsche blondlockige Knaben, hereinsprangen und zu uns an den Tisch kamen. Übermütig, wie ich sein konnte, fuhr ich den beiden Prinzen mit meinen Händen in die Haare, mit den Worten: ‚Nun, ihr Semmelköpfe, was macht ihr?' Die Buben sahen mich mit großen Augen an, im höchsten Erstaunen über meine Kühnheit — und haben es mir später nie vergessen!

Ich will nun just eben nicht damit prahlen, aber es war so und lag tief in meiner Natur. Ich hatte vor der bloßen Fürstlichkeit als solcher, wenn nicht zugleich eine tüchtige Menschennatur und ein tüchtiger Menschenwert dahintersteckte, nie viel Respekt. Ja, es war mir selbst so wohl in meiner Haut, und ich fühlte mich selber so vornehm, daß, wenn man mich zum Fürsten gemacht hätte, ich es nicht eben sonderlich merk-

würdig gefunden haben würde. Als man mir das Adelsdiplom gab, glaubten viele, wie ich mich dadurch möchte erhoben fühlen. Allein, unter uns, es war mir nichts, gar nichts!" (...)
Mittwoch, den 26. September 1827

„Es geht uns alten Europäern übrigens mehr oder weniger allen herzlich schlecht; unsere Zustände sind viel zu künstlich und kompliziert, unsere Nahrung und Lebensweise ist ohne die rechte Natur und unser geselliger Verkehr ohne eigentliche Liebe und Wohlwollen. Jedermann ist fein und höflich, aber niemand hat den Mut, gemütlich und wahr zu sein, so daß ein redlicher Mensch mit natürlicher Neigung und Gesinnung einen recht bösen Stand hat. Man sollte oft wünschen, auf einer der Südseeinseln als sogenannter Wilder geboren zu sein, um nur einmal das menschliche Dasein ohne falschen Beigeschmack durchaus rein zu genießen." (...)
„Ich brauche nur in unserem lieben Weimar zum Fenster hinauszusehen, um gewahr zu werden, wie es bei uns steht. Als neulich der Schnee lag und meine Nachbarkinder ihren kleinen Schlitten auf der Straße probieren wollten, sogleich war ein Polizeidiener nahe, und ich sah die armen Dingerchen fliehen, so schnell sie konnten. Jetzt, wo die Frühlingssonne sie aus den Häusern lockt und sie mit ihresgleichen vor ihren Türen gerne ein Spielchen machten, sehe ich sie immer geniert, als wären sie nicht sicher und als fürchteten sie das Herannahen irgendeines polizeilichen Machthabers. Es darf kein Bube mit der Peitsche knallen, oder singen oder rufen, sogleich ist die Polizei da, es ihm zu verbieten. Es geht bei uns alles dahin, die Jugend frühzeitig zahm zu machen und alle Natur, alle Originalität und alle Wildheit auszutreiben, so, daß am Ende nichts übrigbleibt als der Philister."
(...)

„Es täte not", sagte ich, „daß ein zweiter Erlöser käme, um den Ernst, das Unbehagen und den ungeheuren Druck der jetzigen Zustände uns abzunehmen."

„Käme er", antwortete Goethe, „man würde ihn zum zweiten Male kreuzigen. Doch wir brauchten keineswegs ein so Großes. Könnte man nur den Deutschen, nach dem Vorbilde

der Engländer, weniger Philosophie und mehr Tatkraft, weniger Theorie und mehr Praxis beibringen, so würde uns schon ein gutes Stück Erlösung zuteil werden, ohne daß wir auf das Erscheinen der persönlichen Hoheit eines zweiten Christus zu warten brauchten. Sehr viel könnte geschehen von unten, dem Volke, durch Schulen und häusliche Erziehung, sehr viel von oben durch die Herrscher und ihre Nächsten." (...)
„Wir wollen indes", fügte Goethe lächelnd hinzu, „hoffen und erwarten, wie es etwa in einem Jahrhundert mit uns Deutschen aussieht, und ob wir sodann es dahin werden gebracht haben, nicht mehr abstrakte Gelehrte und Philosophen, sondern Menschen zu sein."

Mittwoch, den 12. März 1828

„Es ist dem Menschen natürlich", sagte Goethe, „sich als das Ziel der Schöpfung zu betrachten und alle übrigen Dinge nur in bezug auf sich und insofern sie ihm dienen und nützen. Er bemächtigt sich der vegetabilischen und animalischen Welt, und indem er andere Geschöpfe als passende Nahrung verschlingt, erkennt er seinen Gott und preiset dessen Güte, die so väterlich für ihn gesorgt. Der Kuh nimmt er die Milch, der Biene den Honig, dem Schaf die Wolle, und indem er den Dingen einen ihm nützlichen Zweck gibt, glaubt er auch, daß die dazu sind geschaffen worden. Ja, er kann sich nicht denken, daß nicht auch das kleinste Kraut für ihn da sei, und wenn er dessen Nutzen noch gegenwärtig nicht erkannt hat, so glaubt er doch, daß solches sich künftig ihm gewiß entdecken werde.
Und wie der Mensch nun im allgemeinen denkt, so denkt er auch im besonderen, und er unterläßt nicht, seine gewohnte

Ansicht aus dem Leben auch in die Wissenschaft zu tragen, und auch bei den einzelnen Teilen eines organischen Wesens nach deren Zweck und Nutzen zu fragen.

Dies mag auch eine Weile gehen, und er mag auch in der Wissenschaft eine Weile damit durchkommen; allein, gar bald wird er auf Erscheinungen stoßen, wo er mit einer so kleinen Ansicht nicht ausreicht und wo er, ohne höheren Halt, sich in lauter Widersprüchen verwickelt.

Solche Nützlichkeitslehrer sagen wohl: der Ochse habe Hörner, um sich damit zu wehren. Nun frage ich: warum hat das Schaf keine? und wenn es welche hat, warum sind sie ihm um die Ohren gewickelt, so daß sie ihm zu nichts dienen?

Etwas anderes aber ist es, wenn ich sage: der Ochse wehrt sich mit seinen Hörnern, weil er sie hat.

Die Frage nach dem Zweck, die Frage Warum? ist durchaus nicht wissenschaftlich. Etwas weiter aber kommt man mit der Frage Wie? Denn wenn ich frage: wie hat der Ochse Hörner? so führt mich das auf die Betrachtung seiner Organisation und belehrt mich zugleich, warum der Löwe keine Hörner hat und haben kann.

1.

"Kritiker sind doch der gesprungene Spiegel im großen Ballsaal des schöpferischen Geistes..."

2.

"Nein..., sie sind eher das Übergepäck im hurtigen Cabriolet des begrifflichen Fortschritts!"

So hat der Mensch in seinem Schädel zwei unausgeführte hohle Stellen. Die Frage Warum? würde hier nicht weit reichen, wogegen aber die Frage Wie? mich belehrt, daß diese Höhlen Reste des tierischen Schädels sind, die sich bei solchen geringeren Organisationen in stärkerem Maße befinden und die sich beim Menschen, trotz seiner Höhe, noch nicht ganz verloren haben.

Die Nützlichkeitslehrer würden glauben, ihren Gott zu verlieren, wenn sie nicht den anbeten sollten, der dem Ochsen die Hörner gab, damit er sich verteidige. Mir aber möge man erlauben, daß ich den verehre, der in dem Reichtum seiner Schöpfung so groß war, nach tausendfältigen Pflanzen noch eine zu machen, worin alle übrigen enthalten, und nach tausendfältigen Tieren ein Wesen, das sie alle enthält: den Menschen.

Man verehre ferner den, der dem Vieh sein Futter gibt und dem Menschen Speise und Trank, soviel er genießen mag. Ich aber bete den an, der eine solche Produktionskraft in die Welt gelegt hat, daß, wenn nur der millionste Teil davon ins Leben tritt, die Welt von Geschöpfen wimmelt, so daß Krieg, Pest, Wasser und Brand ihr nichts anzuhaben vermögen. Das ist mein Gott!

Sonntag, den 20. Februar 1831

Im Juli 1831, ein dreiviertel Jahr vor seinem Tod, beendet Goethe seinen „Faust".
Aus dem Anfang des Ersten Teils:

Faust:
Habe nun, ach! Philosophie,
Juristerei und Medizin
Und leider auch Theologie
Durchaus studiert, mit heißem Bemühn.
Da steh ich nun, ich armer Tor!
Und bin so klug als wie zuvor;
Heiße Magister, heiße Doktor gar,
Und ziehe schon an die zehen Jahr
Herauf, herab und quer und krumm
Meine Schüler an der Nase herum —
Und sehe, daß wir nichts wissen können!
Das will mir schier das Herz verbrennen.
Zwar bin ich gescheiter als alle die Laffen,
Doktoren, Magister, Schreiber und Pfaffen;
Mich plagen keine Skrupel noch Zweifel,
Fürchte mich weder vor Hölle noch Teufel —
Dafür ist mir auch alle Freud entrissen,
Bilde mir nicht ein, was Rechts zu wissen,
Bilde mir nicht ein, ich könnte was lehren,
Die Menschen zu bessern und zu bekehren.
Auch hab ich weder Gut noch Geld,
Noch Ehr und Herrlichkeit der Welt;
Es möchte kein Hund so länger leben!
Drum hab ich mich der Magie ergeben,
Ob mir durch Geistes Kraft und Mund
Nicht manch Geheimnis würde kund;
Daß ich nicht mehr mit sauerm Schweiß

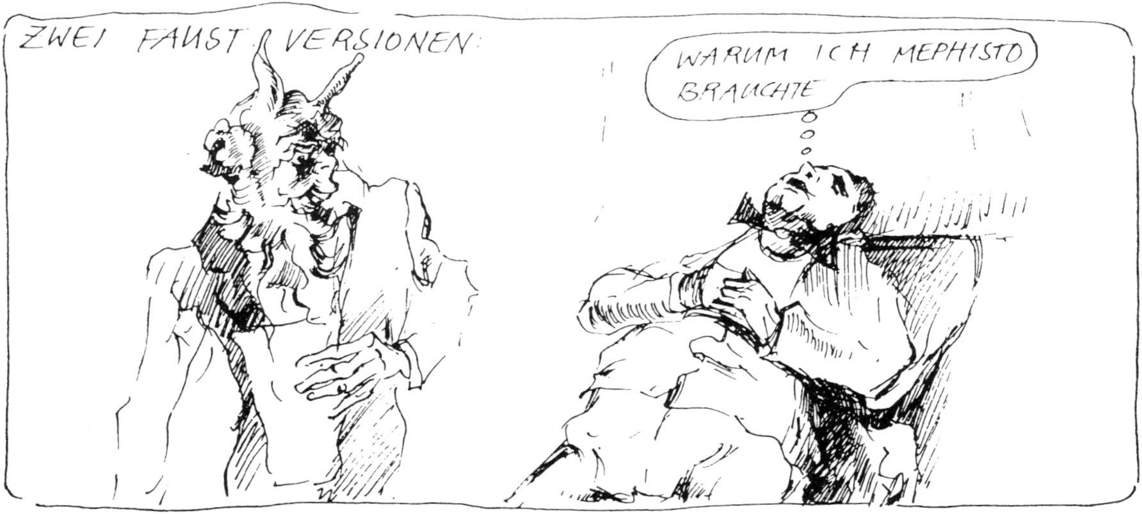
ZWEI FAUST VERSIONEN:
WARUM ICH MEPHISTO BRAUCHTE

FAUST ENTDECKT DIE FLEISCHLICHE LIEBE
DR. FAUST
HÄSSLICH ABER REIN
DR. FAUST

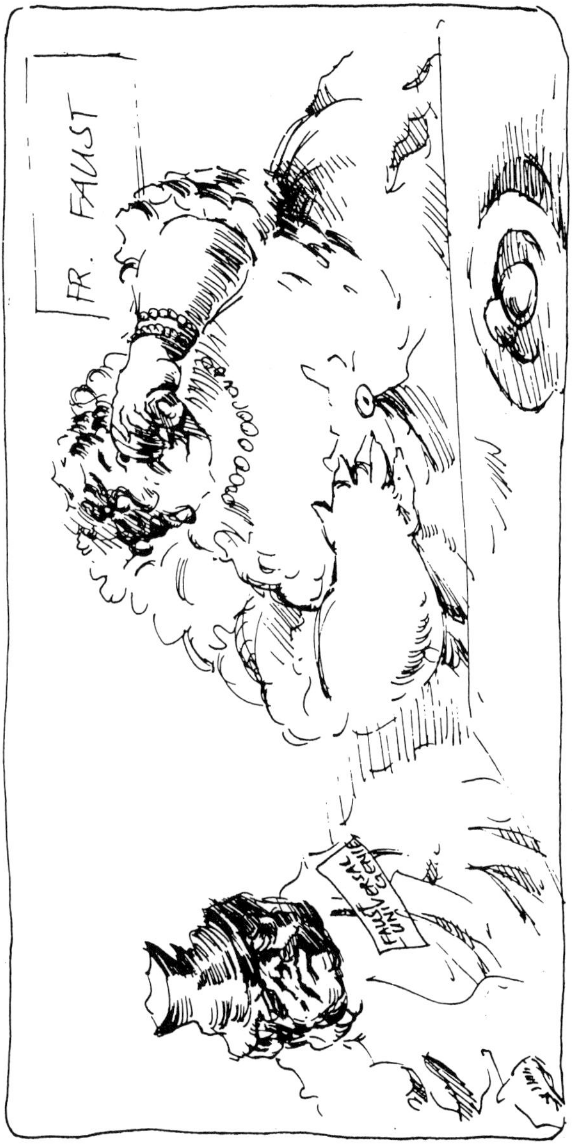
FR. FAUST
FAUST UNIVERSAL GENIE

Zu sagen brauche, was ich nicht weiß;
Daß ich erkenne, was die Welt
Im Innersten zusammenhält,
Schau alle Wirkenskraft und Samen
Und tu nicht mehr in Worten kramen.

Aus dem Ende des Zweiten Teils:

Faust:
Ein Sumpf zieht am Gebirge hin,
Verpestet alles schon Errungene;
Den faulen Pfuhl auch abzuziehn,
Das letzte wär das Höchsterrungene.
Eröffn ich Räume vielen Millionen,
Nicht sicher zwar, doch tätig-frei zu wohnen.
Grün das Gefilde, fruchtbar! Mensch und Herde
Sogleich behaglich auf der neusten Erde,
Gleich angesiedelt an des Hügels Kraft,
Den aufgewälzt kühn-emsige Völkerschaft!
Im Innern hier ein paradiesisch Land,

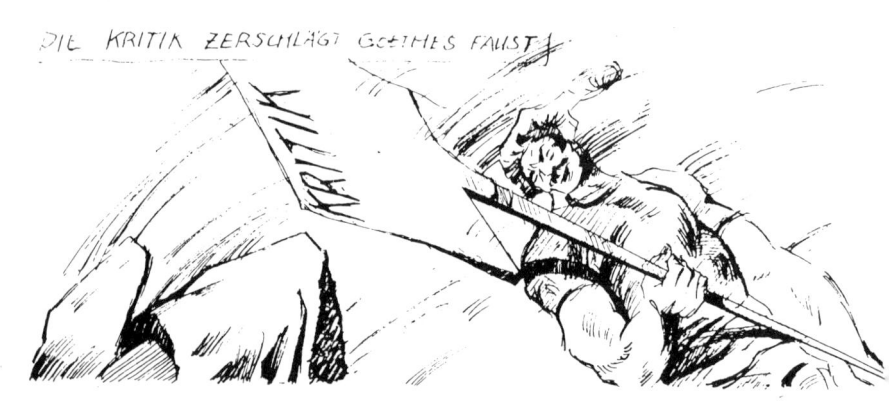

DIE KRITIK ZERSCHLÄGT GOETHES FAUST!

Da rase draußen Flut bis auf zum Rand,
Und wie sie nascht, gewaltsam einzuschließen,
Gemeindrang eilt, die Lücke zu verschließen.
Ja! diesem Sinne bin ich ganz ergeben,
Das ist der Weisheit letzter Schluß:
Nur der verdient sich Freiheit wie das Leben,
Der täglich sie erobern muß!
Und so verbringt, umrungen von Gefahr,
Hier Kindheit, Mann und Greis sein tüchtig Jahr.
Solch ein Gewimmel möcht ich sehn,
Auf freiem Grund mit freiem Volke stehn!
Zum Augenblicke dürft ich sagen:
Verweile doch, du bist so schön!
Es kann die Spur von meinen Erdetagen
Nicht in Äonen untergehn. —
Im Vorgefühl von solchem hohen Glück
Genieß ich jetzt den höchsten Augenblick.

Faust sinkt zurück, die Lemuren fassen ihn auf
und legen ihn auf den Boden.

GOETHE UND SCHILLER — DIE UNBESIEGBAREN.

Von Johannes Falk auf die Wirkung seines Werkes in der „gerechteren Nachwelt" angesprochen, zieht Goethe vom Leder:

> Ich will nichts davon hören, weder von dem Publikum, noch von der Nachwelt, noch von der Gerechtigkeit, wie sie es nennen, die sie einst meinem Bestreben widerfahren lassen. Ich verwünsche den Tasso, bloß deshalb, weil man sagt, daß er auf die Nachwelt kommen wird; ich verwünsche die Iphigenie, mit einem Worte, ich verwünsche alles, was diesem Publikum irgend an mir gefällt. Ich weiß, daß es dem Tag, und daß der Tag ihm gehört; aber ich will nun einmal nicht für den Tag leben. Ja, wenn ich es nur je dahin noch bringen könnte, daß ich ein Werk verfaßte — aber ich bin zu alt dazu —, daß die Deutschen mich so ein fünfzig oder hundert Jahre hintereinander recht gründlich verwünschten und aller Orten und Enden mir nichts als Übels nachsagten; das sollte mich außer Maßen ergötzen. Sie mögen mich nicht! Das

matte Wort! ich mag sie auch nicht! Ich habe es ihnen nie recht zu Danke gemacht! Vollends, wenn mein Walpurgissack nach meinem Tode sich einmal eröffnen und alle bis dahin verschlossenen, stygischen Plagegeister, wie sie mich geplagt, so auch zur Plage für andere wieder loslassen sollte; oder wenn sie in der Fortsetzung von Faust etwa zufällig an die Stelle kämen, wo der Teufel selbst Gnad' und Erbarmen vor Gott findet; das, denke ich doch, vergeben sie mir sobald nicht! Dreißig Jahre haben sie sich nun fast mit den Besenstielen des Blocksberges und den Katzengesprächen in der Hexenküche, die im Faust vorkommen, herumgeplagt, und es hat mit dem Interpretieren und dem Allegorisieren dieses dramatisch-humoristischen Unsinns nie so recht fortgewollt. Wahrlich, man sollte sich in seiner Jugend öfter den Spaß machen und ihnen solche Brocken wie den Brocken hinwerfen. Nahm doch selbst die geistreiche Frau von Staël es übel, daß ich in dem Engelsgesang, Gott Vater gegenüber, den Teufel so gutmütig gehalten hätte; sie wollte ihn durchaus grimmiger. Was soll es nun werden, wenn sie ihm auf einer noch höheren Staffel und vielleicht gar einmal im Himmel wiederbegegnet? „Um Verzeihung", nahm ich hier das Wort; „Sie sprachen vorhin von einem Walpurgissack? Es ist das erste Wort, was ich heute darüber aus Ihrem Munde höre. Darf ich wissen, was es mit demselben eigentlich für ein Bewenden hat?" — „Der Walpurgissack", gab er mir hierauf mit dem angenommenen feierlichen Ernste eines Höllenrichters zur Antwort, „ist eine Art von infernalischem Schlauch, Behältnis, Sack, oder wie ihrs sonst nennen wollt, ursprünglich zur Aufnahme einiger Gedichte bestimmt, die auf Hexenszenen im Faust, wo nicht auf den Blocksberg selbst, einen nähern Bezug hatten. Nach diesem, wie es zu gehen pflegt, erweiterte sich diese Bestimmung ungefähr so, wie die Hölle auch von Anfang herein nur einen Aufenthalt hatte, späterhin aber die Limbusse und das Fegefeuer als

Unterabteilungen in sich aufnahm. Jedes Papier, das in meinem Walpurgissack herunterfällt, fällt in die Hölle; und aus der Hölle, wie ihr wißt, gibt es keine Erlösung. Ja, wenn es mir einmal einfällt, wozu ich eben heute nicht übel gelaunt bin, und ich nehme mich beim Schopf und werfe mich in den Walpurgissack: bei meinem Eid, was da unten steckt, das steckt unten, und kommt nicht wieder an den Tag, und wenn ich es selbst wäre! So streng, sollt ihr wissen, halte ich über meinen Walpurgissack und die höllische Konstitution, die ich ihm gegeben habe. Es brennt da unten ein unverlöschliches Fegefeuer, was, wenn es um sich greift, weder Freund noch Feind verschont. Ich wenigstens will niemand raten, ihm allzunahe zu kommen. Ich fürchte mich selbst davor!

Der Nachwelt scheint es ebenso zu gehen. Erst 1897 wird die Besetzungsliste zu dem Fragment gebliebenen Drama „Hans Wursts Hochzeit" veröffentlicht. Hier ist sie; es spielen mit:

Hanswurst, Bräutigam
Ursel Blandine, Braut
Ursel mit dem kalten Loch (Klingelts nicht,
so klapperts doch)

Kilian Brustfleck, Vormund
Hans Arsch von Rippach
Matzfotz von Dresden
Hans Ärschgen von Rippach, empfindsam
Reckärschgen, Nichte
Schnuckfözgen, Nichte
Herr Urian, Kuppler
Meister Hämmerlein
Loch König
Hans Maulaff
Jungfrau Kluncke, Putzmacherin
Peter Sauschwanz
Schmeißmatz
Lauszippel
Grindschiepel
Rotzlöffel, Page
Gelbschnabel, Page
Schwanz, Kammerdiener
Hunsfott, auch Gastrolle
Claus Narr, Vetter

Simplicissimus, kommt von der Reise um die Welt
Hans Tap ins Mus, Stammhalter
Quirinus Schweinigel, Schöngeist, auch Zotenreißer
(„Mutter ich möcht' ein Ding haben,
ein Ding mit einer Sackpfeife.")
Thomas Stinkloch, nichts Geringes

Jungfrau Rabenass
Blackscheißer, Poet
Fratz, Reisemarschall
Hans Hasenfuß
Schindluder
Saufaus
Vollzapf
Dr. Saft
Fladen, Candidat

Magister Sausack, Pastor Loci
Stinkwitz, Kammerjunker
Hans Dampf, Haushofmeister
Jungfrau Flöhhot
Hauslümmel, Hausknecht
Bieresel, Kellerknecht
Fräulein Firlefanz
Hosenscheißer, Pate der Braut
Leckarsch, Pate der Braut
Rauch Else
Runkunkel, Alt
Lapparsch, Original
Nimmersatt, Fresser
Carl Behagel (Parfümerier und handelt mit Brust-Tee)
Dr. Bonefurz
Anne Flans, Maulaffens Liebschaft
Haareule (hochaufgesetzt und doch zottlich)
Spritzbüchse
Blaufinke, Pritschmeister
Eulenspiegel

Fozzenhut
Dreckfinke
Saumagen
Jungfrau Wurstnickel
Kropfliesgen
Piphan
Margretlin
Schnudelbutz
Farzpeter
Hundejunge
Schwerenöter, Projektemacher
Schlucker, Schmarotzer (Man räsoniert über ihn),
und nimmt ihm nichts übel.)
Schlingschlangschlodi (kommt von Akademien)
Heularsch
Hängefritz
Vetter Michel (guter Gesellschafter, aber hundedumm)
Langhans
Großhans
Hans Schiß
Jungfrau Arschloch
Piezgens Barbara
Sauranzen

Nonnenfürzgen
Galgenschwengel
Mazpumpes, genannt Kuhfladen, Junker
Maztasche
Marzebille
Genserich, Kammerjunker
Schwager Mistbeet
Lappsack
Schindknochen
Kläms Töffel (Klämsenlaberig)
Musgretgen
Sau Strick
Voll Sack
Bruder Liederlich
Hemdelemper
Schwein Pelz
Kropfliesgen vom Harz
Alte Hure
Wurstfresser aus dem Scheißhaus
Margretlin, Mutter von allen Heiligen
Galloch Schalloch
Hengstmensch von einer Prinzeß

Goethe stirbt am 22. März 1832. Kanzler von Müller berichtet:

Gegen neun Uhr verlangte Goethe Wasser mit Wein vermischt zu trinken, und als ihm dieses gebracht wurde, richtete er sich im Lehnstuhle auf, ergriff das Glas mit fester Hand und trank es aus, jedoch erst nach der Frage: „Es wird doch nicht zuviel Wein darunter sein?" Dann rief er John herbei, und unterstützt von diesem und seinem Bedienten stand er vom Stuhle ganz auf. Vor demselben stehend, fragte er, welchen Tag im Monat man habe, und auf die Antwort, daß es der zweiundzwanzigste sei, erwiderte er: „Also hat der Frühling begonnen, und wir können uns um so eher erholen." Er setzte sich dann wieder in den Armstuhl und verfiel in einen sanften Schlaf mit angenehmen Träumen; denn er sprach unter andern: „Seht den schönen weiblichen Kopf — mit schwarzen Locken — in prächtigem Kolorit — auf dunklem Hintergrunde." — Sein Geist beschäftigte sich darauf mit seinem vorausgegangenen Freund Schiller. Als er nämlich ein Blatt Papier auf dem Boden liegen sah, fragte er, warum man denn Schillers Briefwechsel hier liegen lasse; man möge denselben doch ja aufheben. Gleich darauf rief er

22. MÄRZ
1832

Friedrichen zu: „Mach doch den zweiten Fensterladen in der Stube auch auf, damit mehr Licht hereinkomme!" Dies sollen seine letzten Worte gewesen sein.

Als nun das Sprechen ihm immer schwerer wurde, und er doch noch Darstellungs- und Mitteilungsdrang fühlte, zeichnete er erst mit gehobener Hand in die Luft, wie er auch in gesunden Tagen zu tun pflegte; dann schrieb er mit dem

GOETHES SEELE LÖST SICH AUS DEM KÖRPER UND STÖSST

DIE LETZTEN WORTE AUS:

KRACK

VERDAMMT MEHR LICHT!

Zeigefinger der Rechten in die Luft einige Zeilen. Da die Kraft abnahm und der Arm tiefer sank, so schrieb er etwas tiefer und zuletzt, wie es schien, dasselbe auf dem seine Beine bedeckenden Oberbette zu wiederholten Malen. Man bemerkte, daß er genau Interpunktionszeichen setzte, und den Anfangsbuchstaben erkannte man deutlich für ein großes W. Die übrigen Züge vermochte man nicht zu deuten. — Da die Finger anfingen blau zu werden, so nahm man ihm den grünen Arbeitsschirm von den Augen und fand, daß sie schon gebrochen waren. Der Atem wurde von Augenblick zu Augenblick schwerer, ohne jedoch zum Röcheln zu werden, der Sterbende drückte sich, ohne das geringste Zeichen des Schmerzes, bequem in die linke Seite des Lehnstuhls, und die Brust, die eine Welt in sich erschuf und trug und hegte, hatte ausgeatmet.

Vier Tage später wird er in der Fürstengruft von Weimar beigesetzt.

\*

So ist Goethe bald kolossal, bald kleinlich; bald trotziges, spottendes, weltverachtendes Genie, bald rücksichtsvoller, genügsamer, enger Philister. Auch Goethe war nicht imstande, die deutsche Misere zu besiegen; im Gegenteil, sie besiegt ihn, und dieser Sieg der Misere über den größten Deutschen ist der beste Beweis dafür, daß sie „von innen heraus" gar nicht zu überwinden ist.
(Friedrich Engels)

Ich bin tot.
Meine Lürick
lebt. Gell.

Ja, ja.
cearo

Nexte Seiten

## IN DAS STAMMBUCH
## VON FRIEDRICH MAXIMILIAN MOORS

Dieses ist das Bild der Welt,
Die man für die beste hält:
Fast wie eine Mördergrube,
Fast wie eines Burschen Stube,
Fast so wie ein Opernhaus,
Fast wie ein Magisterschmaus,
Fast wie Köpfe von Poeten,
Fast wie schöne Raritäten,
Fast wie abgesetztes Geld
Sieht sie aus, die beste Welt.
(1765)

## WECHSEL

Auf Kieseln im Bache da lieg ich, wie helle!
Verbreite die Arme der kommenden Welle,
Und buhlerisch drückt sie die sehnende Brust;
Dann führt sie der Leichtsinn im Strome danieder,
Es naht sich die zweite, sie streichelt mich wieder:
So fühl ich die Freuden der wechselnden Lust.

Und doch, und so traurig, verschleifst du vergebens
Die köstlichen Stunden des eilenden Lebens,
Weil dich das geliebteste Mädchen vergißt!
O ruf sie zurücke, die vorigen Zeiten,
Es küßt sich so süße die Lippe der Zweiten,
Als kaum sich die Lippe der Ersten geküßt.
(1768)

EIN REICHER
Dem gemeinen Wesen zur Nachricht

Wollt ihr wissen, woher ichs hab,
Mein Haus und Hab?
Hab allerlei Pfiff ersonnen,
Es mit Müh, Schweiß und Angst gewonnen.
Genug, ich bin reich,
Und drum scheiß ich auf euch!
(1772/74)

## PROMETHEUS

Bedecke deinen Himmel, Zeus,
Mit Wolkendunst
Und übe, dem Knaben gleich,
Der Disteln köpft.

An Eichen dich und Bergeshöhn!
Mußt mir meine Erde
Doch lassen stehn
Und meine Hütte, die du nicht gebaut,
Und meinen Herd,
Um dessen Glut
Du mich beneidest.

Ich kenne nichts Ärmeres
Unter der Sonn als euch, Götter!
Ihr nähret kümmerlich
Von Opfersteuern
Und Gebetshauch
Eure Majestät
Und darbtet, wären
Nicht Kinder und Bettler
Hoffnungvolle Toren.

Da ich ein Kind war,
Nicht wußte, wo aus noch ein,
Kehrt ich mein verirrtes Auge
Zur Sonne, als wenn drüber wär
Ein Ohr, zu hören meine Klage,
Ein Herz wie meins,
Sich des Bedrängten zu erbarmen.

Wer half mir
Wider der Titanen Übermut?
Wer rettete vom Tode mich,
Von Sklaverei?
Hast du nicht alles selbst vollendet,
Heilig glühend Herz?
Und glühtest jung und gut,
Betrogen, Rettungsdank
Dem Schlafenden da droben?

Ich dich ehren? Wofür?
Hast du die Schmerzen gelindert


Je des Beladenen?
Hast du die Tränen gestillet
Je des Geängsteten?
Hat nicht mich zum Manne geschmiedet
Die allmächtige Zeit
Und das ewige Schicksal,
Meine Herrn und deine?

Wähntest du etwa,
Ich sollte das Leben hassen,
In Wüsten fliehen,
Weil nicht alle
Blütenträume reiften?

Hier sitz ich, forme Menschen
Nach meinem Bilde,
Ein Geschlecht, das mir gleich sei,
Zu leiden, zu weinen,
Zu genießen und zu freuen sich,
Und dein nicht zu achten,
Wie ich!
(1774)

## WANDRERS NACHTLIED

Der du von dem Himmel bist,
Alles Leid und Schmerzen stillest,
Den, der doppelt elend ist,
Doppelt mit Erquickung füllest,
Ach, ich bin des Treibens müde!
Was soll all der Schmerz und Lust?
Süßer Friede,
Komm, ach komm in meine Brust!
(1776)

AUS EINEM BRIEFE
AN DIE GRÄFIN AUGUSTE ZU STOLBERG

Alles geben die Götter, die unendlichen,
Ihren Lieblingen ganz,
Alle Freuden, die unendlichen,
Alle Schmerzen, die unendlichen, ganz.
(1777)

AN DEN MOND
(Letzte Fassung)

Füllest wieder Busch und Tal
Still mit Nebelglanz,
Lösest endlich auch einmal
Meine Seele ganz,

Breitest über mein Gefild
Lindernd deinen Blick,
Wie des Freundes Auge mild
Über mein Geschick.

Jeden Nachklang fühlt mein Herz
Froh- und trüber Zeit,
Wandle zwischen Freud und Schmerz
In der Einsamkeit.

Fließe, fließe, lieber Fluß!
Nimmer werd ich froh,
So verrauschte Scherz und Kuß,
Und die Treue so.

Ich besaß es doch einmal,
Was so köstlich ist!
Daß man doch zu seiner Qual
Nimmer es vergißt!

Rausche, Fluß, das Tal entlang,
Ohne Rast und Ruh,
Rausche, flüstre meinem Sang
Melodien zu,

Wenn du in der Winternacht
Wütend überschwillst,
Oder um die Frühlingspracht
Junger Knospen quillst.

Selig, wer sich vor der Welt
Ohne Haß verschließt,
Einen Freund am Busen hält
Und mit dem genießt,

Was, von Menschen nicht gewußt
Oder nicht bedacht,
Durch das Labyrinth der Brust
Wandelt in der Nacht.
(1777)

## HARZREISE IM WINTER

Dem Geier gleich,
Der auf schweren Morgenwolken
Mit sanftem Fittich ruhend
Nach Beute schaut,
Schwebe mein Lied!

Denn ein Gott hat
Jedem seine Bahn
Vorgezeichnet,
Die der Glückliche
Rasch zum freudigen
Ziele rennt:
Wem aber Unglück
Das Herz zusammenzog,

Er sträubt vergebens
Sich gegen die Schranken
Des ehernen Fadens,
Den die doch bittre Schere
Nur einmal löst.

In Dickichts-Schauer
Drängt sich das rauhe Wild,
Und mit den Sperlingen
Haben längst die Reichen
In ihre Sümpfe sich gesenkt.

Leicht ists folgen dem Wagen,
Den Fortuna führt,
Wie der gemächliche Troß
Auf gebesserten Wegen
Hinter des Fürsten Einzug.

Aber abseits wer ists?
Ins Gebüsch verliert sich sein Pfad,
Hinter ihm schlagen
Die Sträuche zusammen,
Das Gras steht wieder auf,
Die Öde verschlingt ihn.

Ach, wer heilet die Schmerzen
Des, dem Balsam zu Gift ward?
Der sich Menschenhaß
Aus der Fülle der Liebe trank?
Erst verachtet, nun ein Verächter,
Zehrt er heimlich auf
Seinen eignen Wert
In ungnügender Selbstsucht.

Ist auf deinem Psalter,
Vater der Liebe, ein Ton
Seinem Ohre vernehmlich,
So erquicke sein Herz!
Öffne den umwölkten Blick
Über die tausend Quellen
Neben dem Durstenden
In der Wüste!

Der du der Freuden viel schaffst,
Jedem ein überfließend Maß,
Segne die Brüder der Jagd
Auf der Fährte des Wilds
Mit jugendlichem Übermut
Fröhlicher Mordsucht,
Späte Rächer des Unbills,
Dem schon Jahre vergeblich
Wehrt mit Knütteln der Bauer!

Aber den Einsamen hüll
In deine Goldwolken!
Umgib mit Wintergrün,
Bis die Rose wieder heranreift,
Die feuchten Haare,
O Liebe, deines Dichters!

Mit der dämmernden Fackel
Leuchtest du ihm
Durch die Furten bei Nacht,
Über grundlose Wege
Auf öden Gefilden;
Mit dem tausendfarbigen Morgen
Lachst du ins Herz ihm;
Mit dem beizenden Sturm
Trägst du ihn hoch empor;
Winterströme stürzen vom Felsen
In seine Psalmen,
Und Altar des lieblichsten Danks
Wird ihm des gefürchteten Gipfels
Schneebehangner Scheitel,
Den mit Geisterreihen
Kränzten ahnende Völker.

Du stehst mit unerforschtem Busen
Geheimnisvoll offenbar
Über der erstaunten Welt
Und schaust aus Wolken
Auf ihre Reiche und Herrlichkeit,
Die du aus den Adern deiner Brüder
Neben dir wässerst.
(1777)

## WANDRERS NACHTLIED

Über allen Gipfeln
Ist Ruh,
In allen Wipfeln
Spürest du
Kaum einen Hauch;
Die Vögelein schweigen im Walde.
Warte nur, balde
Ruhest du auch.

Über allen Gipfeln
ist Ruh
Die Vöglein schweigen
im

Huhuu

Über allen Gipfeln
ist Ruh
Die Vöglein schweigen
im Walde
Warte nur, bald ruhest du
auch

Das ist noch nicht raus!

ERLKÖNIG

Wer reitet so spät durch Nacht und Wind?
Es ist der Vater mit seinem Kind;
Er hat den Knaben wohl in dem Arm,
Er faßt ihn sicher, er hält ihn warm.

Mein Sohn, was birgst du so bang dein Gesicht? —
Siehst, Vater, du den Erlkönig nicht?
Den Erlenkönig mit Kron und Schweif? —
Mein Sohn, es ist ein Nebelstreif. —

„Du liebes Kind, komm, geh mit mir!
Gar schöne Spiele spiel ich mit dir;
Manch bunte Blumen sind an dem Strand,
Meine Mutter hat manch gülden Gewand."

Mein Vater, mein Vater, und hörest du nicht,
Was Erlenkönig mir leise verspricht? —
Sei ruhig, bleibe ruhig, mein Kind;
In dürren Blättern säuselt der Wind. —

„Willst, feiner Knabe, du mit mir gehn?
Meine Töchter sollen dich warten schön;
Meine Töchter führen den nächtlichen Reihn,
Und wiegen und tanzen und singen dich ein."

Mein Vater, mein Vater, und siehst du nicht dort
Erlkönigs Tochter am düstern Ort? —
Mein Sohn, mein Sohn, ich seh es genau:
Es scheinen die alten Weiden so grau. —

„Ich liebe dich, mich reizt deine schöne Gestalt;
Und bist du nicht willig, so brauch ich Gewalt."
Mein Vater, mein Vater, jetzt faßt er mich an!
Erlkönig hat mir ein Leids getan! —

Dem Vater grausets, er reitet geschwind,
Er hält in Armen das ächzende Kind,
Erreicht den Hof mit Müh und Not;
In seinen Armen das Kind war tot.
(1782)

HARFENSPIELER

Wer nie sein Brot mit Tränen aß,
Wer nie die kummervollen Nächte
Auf seinem Bette weinend saß,
Der kennt euch nicht, ihr himmlischen Mächte.

Ihr führt ins Leben uns hinein,
Ihr laßt den Armen schuldig werden,
Dann überlaßt ihr ihn der Pein:
Denn alle Schuld rächt sich auf Erden.
(1783)

## ILMENAU
am 3. September 1783

Anmutig Tal! du immergrüner Hain!
Mein Herz begrüßt euch wieder auf das beste;
Entfaltet mir die schwerbehangnen Äste,
Nehmt freundlich mich in eure Schatten ein,
Erquickt von euren Höhn, am Tag der Lieb und Lust,
Mit frischer Luft und Balsam meine Brust!

Wie kehr ich oft mit wechselndem Geschicke,
Erhabner Berg! an deinen Fuß zurücke.
O laß mich heut an deinen sachten Höhn
Ein jugendlich, ein neues Eden sehn!
Ich hab es wohl auch mit um euch verdienet:
Ich sorge still, indes ihr ruhig grünet.

Laßt mich vergessen, daß auch hier die Welt
So manch Geschöpf in Erdefesseln hält,
Der Landmann leichtem Sand den Samen anvertraut
Und seinen Kohl dem frechen Wilde baut,
Der Knabe karges Brot in Klüften sucht,
Der Köhler zittert, wenn der Jäger flucht.
Verjüngt euch mir, wie ihr es oft getan,
Als fing' ich heut ein neues Leben an.

Ihr seid mir hold, ihr gönnt mir diese Träume,
Sie schmeicheln mir und locken alte Reime.
Mir wieder selbst, von allen Menschen fern,
Wie bad ich mich in euren Düften gern!
Melodisch rauscht die hohe Tanne wieder,
Melodisch eilt der Wasserfall hernieder;
Die Wolke sinkt, der Nebel drückt ins Tal,
Und es ist Nacht und Dämmrung auf einmal.

Im finstern Wald, beim Liebesblick der Sterne,
Wo ist mein Pfad, den sorglos ich verlor?
Welch seltne Stimmen hör ich in der Ferne?
Sie schallen wechselnd an dem Fels empor.
Ich eile sacht, zu sehn, was es bedeutet,
Wie von des Hirsches Ruf der Jäger still geleitet.

Wo bin ich? ist's ein Zaubermärchen-Land?
Welch nächtliches Gelag am Fuß der Felsenwand?
Bei kleinen Hütten, dicht mit Reis bedecket,
Seh ich sie froh ans Feuer hingestrecket.
Es dringt der Glanz hoch durch den Fichten-Saal,
Am niedern Herde kocht ein rohes Mahl;
Sie scherzen laut, indessen, bald geleeret,
Die Flasche frisch im Kreise wiederkehret.

Sagt, wem vergleich ich diese muntre Schar?
Von wannen kommt sie? um wohin zu ziehen?
Wie ist an ihr doch alles wunderbar!
Soll ich sie grüßen? soll ich vor ihr fliehen?
Ist es der Jäger wildes Geisterheer?
Sinds Gnomen, die hier Zauberkünste treiben?
Ich seh im Busch der kleinen Feuer mehr;
Es schaudert mich, ich wage kaum, zu bleiben.
Ists der Ägyptier verdächtiger Aufenthalt?
Ist es ein flüchtiger Fürst wie im Ardenner-Wald?

Soll ich Verirrter hier in den verschlungnen Gründen
Die Geister Shakespeares gar verkörpert finden?
Ja, der Gedanke führt mich eben recht:
Sie sind es selbst, wo nicht ein gleich Geschlecht!
Unbändig schwelgt ein Geist in ihrer Mitten,
Und durch die Roheit fühl ich edle Sitten.

Wie nennt ihr ihn? Wer ists, der dort gebückt
Nachlässig stark die breiten Schultern drückt?
Er sitzt zunächst gelassen an der Flamme,
Die markige Gestalt aus altem Heldenstamme.
Er saugt begierig am geliebten Rohr,
Es steigt der Dampf an seiner Stirn empor.
Gutmütig trocken weiß er Freud und Lachen
Im ganzen Zirkel laut zu machen,
Wenn er mit ernstlichem Gesicht
Barbarisch bunt in fremder Mundart spricht.

Wer ist der andre, der sich nieder
An einen Sturz des alten Baumes lehnt
Und seine langen, feingestalten Glieder
Ekstatisch faul nach allen Seiten dehnt
Und, ohne daß die Zecher auf ihn hören,
Mit Geistesflug sich in die Höhe schwingt
Und von dem Tanz der himmelhohen Sphären
Ein monotones Lied mit großer Inbrunst singt?

Doch scheinet allen etwas zu gebrechen;
Ich höre sie auf einmal leise sprechen,
Des Jünglings Ruhe nicht zu unterbrechen,
Der dort am Ende, wo das Tal sich schließt,
In einer Hütte, leicht gezimmert,
Vor der ein letzter Blick des kleinen Feuers schimmert,
Vom Wasserfall umrauscht, des milden Schlafs genießt.
Mich treibt das Herz, nach jener Kluft zu wandern,
Ich schleiche still und scheide von den andern.

Sei mir gegrüßt, der hier in später Nacht
Gedankenvoll an dieser Schwelle wacht!
Was sitzest du entfernt von jenen Freuden?
Du scheinst mir auf was Wichtiges bedacht.
Was ists, daß du in Sinnen dich verlierest,
Und nicht einmal dein kleines Feuer schürest?

„O frage nicht! denn ich bin nicht bereit,
Des Fremden Neugier leicht zu stillen;
Sogar verbitt ich deinen guten Willen:
Hier ist zu schweigen und zu leiden Zeit.
Ich bin dir nicht imstande selbst zu sagen,
Woher ich sei, wer mich hierher gesandt;
Von fremden Zonen bin ich her verschlagen
Und durch die Freundschaft festgebannt.

Wer kennt sich selbst? wer weiß, was er vermag?
Hat nie der Mutige Verwegnes unternommen?
Und was du tust, sagt erst der andre Tag,
War es zum Schaden oder Frommen.
Ließ nicht Prometheus selbst die reine Himmelsglut
Auf frischen Ton vergötternd niederfließen?
Und konnt er mehr als irdisch Blut
Durch die belebten Adern gießen?
Ich brachte reines Feuer vom Altar;
Was ich entzündet, ist nicht reine Flamme,
Der Sturm vermehrt die Glut und die Gefahr,
Ich schwanke nicht, indem ich mich verdamme.

Und wenn ich unklug Mut und Freiheit sang
Und Redlichkeit und Freiheit sonder Zwang,
Stolz auf sich selbst und herzliches Behagen,
Erwarb ich mir der Menschen schöne Gunst;
Doch ach! ein Gott versagte mir die Kunst;
Die arme Kunst, mich künstlich zu betragen.
Nun sitz ich hier, zugleich erhoben und gedrückt,
Unschuldig und gestraft, und schuldig und beglückt.

Doch rede sacht! denn unter diesem Dach
Ruht all mein Wohl und all mein Ungemach:
Ein edles Herz, vom Wege der Natur
Durch enges Schicksal abgeleitet,
Das, ahnungsvoll, nun auf der rechten Spur
Bald mit sich selbst und bald mit Zauberschatten streitet
Und, was ihm das Geschick durch die Geburt geschenkt,
Mit Müh und Schweiß erst zu erringen denkt.
Kein liebevolles Wort kann seinen Geist enthüllen
Und kein Gesang die hohen Wogen stillen.

Wer kann der Raupe, die am Zweige kriecht,
Von ihrem künftgen Futter sprechen?
Und wer der Puppe, die am Boden liegt,
Die zarte Schale helfen durchzubrechen?
Es kommt die Zeit, sie drängt sich selber los
Und eilt auf Fittichen der Rose in den Schoß.

Gewiß, ihm geben auch die Jahre
Die rechte Richtung seiner Kraft.
Noch ist, bei tiefer Neigung für das Wahre,
Ihm Irrtum eine Leidenschaft.
Der Vorwitz lockt ihn in die Weite,
Kein Fels ist ihm zu schroff, kein Steg zu schmal;
Der Unfall lauert an der Seite
Und stürzt ihn in den Arm der Qual.
Dann treibt die schmerzlich überspannte Regung
Gewaltsam ihn bald da, bald dort hinaus,
Und von unmutiger Bewegung

Ruht er unmutig wieder aus
Und düster wild an heitern Tagen,
Unbändig, ohne froh zu sein,
Schläft er, an Seel und Leib verwundet und zerschlagen,
Auf einem harten Lager ein:
Indessen ich hier, still und atmend kaum,
Die Augen zu den freien Sternen kehre
Und, halb erwacht und halb im schweren Traum,
Mich kaum des schweren Traums erwehre."

Verschwinde, Traum! Wie dank ich, Musen, euch!
Daß ihr mich heut auf einen Pfad gestellet,
Wo auf ein einzig Wort die ganze Gegend gleich
Zum schönsten Tage sich erhellet;
Die Wolke flieht, der Nebel fällt,
Die Schatten sind hinweg. Ihr Götter, Preis und Wonne!
Es leuchtet mir die wahre Sonne,
Es lebt mir eine schönre Welt;
Das ängstliche Gesicht ist in die Luft zerronnen,
Ein neues Leben ists, es ist schon lang begonnen.

Ich sehe hier, wie man nach langer Reise
Im Vaterland sich wiederkennt,
Ein ruhig Volk in stillem Fleiße
Benutzen, was Natur an Gaben ihm gegönnt.
Der Faden eilet von dem Rocken
Des Webers raschem Stuhle zu,
Und Seil und Kübel wird in längrer Ruh
Nicht am verbrochnen Schachte stocken;
Es wird der Trug entdeckt, die Ordnung kehrt zurück,
Es folgt Gedeihn und festes irdsches Glück.

So mög, o Fürst, der Winkel deines Landes
Ein Vorbild deiner Tage sein!
Du kennest lang die Pflichten deines Standes
Und schränkest nach und nach die freie Seele ein.
Der kann sich manchen Wunsch gewähren,
Der kalt sich selbst und seinem Willen lebt;
Allein der andre wohl zu leiten strebt,
Muß fähig sein, viel zu entbehren.

So wandle du — der Lohn ist nicht gering —
Nicht schwankend hin, wie jener Sämann ging,
Daß bald ein Korn, des Zufalls leichtes Spiel,
Hier auf den Weg, dort zwischen Dornen fiel;
Nein! streue klug wie reich, mit männlich steter Hand,
Den Segen aus auf ein geackert Land;
Dann laß es ruhn: die Ernte wird erscheinen
Und dich beglücken und die Deinen.
(1783)

Feuer und Flamme für lange Gedichte

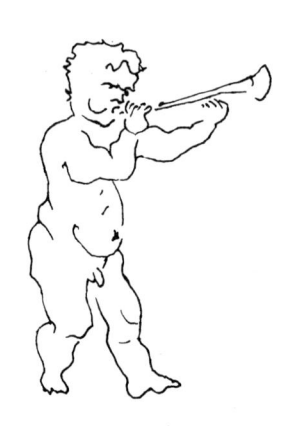

## DAS GÖTTLICHE

Edel sei der Mensch,
Hilfreich und gut!
Denn das allein
Unterscheidet ihn
Von allen Wesen,
Die wir kennen.

Heil den unbekannten
Höhern Wesen,
Die wir ahnen!
Ihnen gleiche der Mensch;
Sein Beispiel lehr uns
Jene glauben.

Denn unfühlend
Ist die Natur:
Es leuchtet die Sonne
Über Bös' und Gute,
Und dem Verbrecher
Glänzen wie dem Besten
Der Mond und die Sterne.

Wind und Ströme,
Donner und Hagel
Rauschen ihren Weg
Und ergreifen
Vorüber eilend
Einen um den andern.

Auch so das Glück
Tappt unter die Menge,
Faßt bald des Knaben
Lockige Unschuld,
Bald auch den kahlen
Schuldigen Scheitel.

... zur Hölle!...

Nach ewigen, ehrnen,
Großen Gesetzen
Müssen wir alle
Unseres Daseins
Kreise vollenden.

Nur allein der Mensch
Vermag das Unmögliche:
Er unterscheidet,
Wählet und richtet;
Er kann dem Augenblick
Dauer verleihen.

*Von wegen — kahler, schuldiger Schädel!*

Er allein darf
Den Guten lohnen,
Den Bösen strafen,
Heilen und retten,
Alles Irrende, Schweifende
Nützlich verbinden.

Und wir verehren
Die Unsterblichen,
Als wären sie Menschen,
Täten im Großen,
Was der Beste im Kleinen
Tut oder möchte.

Der edle Mensch
Sei hilfreich und gut!
Unermüdet schaff er
Das Nützliche, Rechte,
Sei uns ein Vorbild
Jener geahneten Wesen!
(1783)

*Hier bin ich doch, mein Hertchen*

## MIGNON

Nur wer die Sehnsucht kennt,
Weiß, was ich leide!
Allein und abgetrennt
Von aller Freude,
Seh ich ans Firmament
Nach jener Seite.
Ach! der mich liebt und kennt,
Ist in der Weite.
Es schwindelt mir, es brennt
Mein Eingeweide.
Nur wer die Sehnsucht kennt,
Weiß, was ich leide!
(1785)

Wo sich
der Alte
bloß wieder
rumtreibt?

## DER ZAUBERLEHRLING

Hat der alte Hexenmeister
Sich doch einmal wegbegeben!
Und nun sollen seine Geister
Auch nach meinem Willen leben.
Seine Wort' und Werke
Merkt ich und den Brauch,
Und mit Geistesstärke
Tu ich Wunder auch.

Walle! walle
Manche Strecke,
Daß, zum Zwecke,
Wasser fließe
und mit reichem, vollem Schwalle
Zu dem Bade sich ergieße.

Und nun komm, du alter Besen!
Nimm die schlechten Lumpenhüllen;
Bist schon lange Knecht gewesen:
Nun erfülle meinen Willen!
Auf zwei Beinen stehe,
Oben sei ein Kopf,
Eile nun und gehe
Mit dem Wassertopf!

Walle! walle
Manche Strecke,
Daß, zum Zwecke,
Wasser fließe
Und mit reichem, vollem Schwalle
Zu dem Bade sich ergieße.

Seht, er läuft zum Ufer nieder,
Wahrlich! ist schon an dem Flusse,
Und mit Blitzesschnelle wieder
Ist er hier mit raschem Gusse.
Schon zum zweiten Male!
Wie das Becken schwillt!
Wie sich jede Schale
Voll mit Wasser füllt!

Stehe! stehe!
Denn wir haben
Deiner Gaben
Vollgemessen! —
Ach, ich merk es! Wehe! wehe!
Hab ich doch das Wort vergessen!

Ach, das Wort, worauf am Ende
Er das wird, was er gewesen.
Ach, er läuft und bringt behende!
Wärst du doch der alte Besen!
Immer neue Güsse
Bringt er schnell herein,
Ach! und hundert Flüsse
Stürzen auf mich ein.

Nein, nicht länger
Kann ichs lassen;
Will ihn fassen.
Das ist Tücke!
Ach! nun wird mir immer bänger!
Welche Miene! welche Blicke!

O, du Ausgeburt der Hölle!
Soll das ganze Haus ersaufen?
Seh ich über jede Schwelle
Doch schon Wasserströme laufen.
Ein verruchter Besen,
Der nicht hören will!
Stock, der du gewesen,
Steh doch wieder still!

Willsts am Ende
Gar nicht lassen?
Will dich fassen,
Will dich halten
Und das alte Holz behende
Mit dem scharfen Beile spalten.

Seht, da kommt er schleppend wieder!
Wie ich mich nur auf dich werfe,
Gleich, o Kobold, liegst du nieder;
Krachend trifft die glatte Schärfe.
Wahrlich! brav getroffen!
Seht, er ist entzwei!
Und nun kann ich hoffen,
Und ich atme frei!

Wehe! wehe!
Beide Teile
Stehn in Eile
Schon als Knechte
Völlig fertig in die Höhe!
Helft mir, ach! ihr hohen Mächte!

Und sie laufen! Naß und nässer
Welch entsetzliches Gewässer!
Wirds im Saal und auf den Stufen.
Herr und Meister! hör mich rufen! —
Ach, da kommt der Meister!
Herr, die Not ist groß!
Die ich rief, die Geister
Werd ich nun nicht los.

„In die Ecke,
Besen! Besen!
Seids gewesen.
Denn als Geister
Ruft euch nur, zu diesem Zwecke,
Erst hervor der alte Meister."
(1797)

## SCHWEIZERLIED
(Volkslied-Umdichtung)

Ufm Bergli
Bin i gesässe,
Ha de Vögle
Zugeschaut;
Hänt gesunge,
Hänt gesprunge,
Hänt 's Nestli
Gebaut.

In ä Garte
Bin i gestande,
Ha de Imbli
Zugeschaut;
Hänt gebrummet,
Hänt gesummet,
Hänt Zelli
Gebaut.

Uf d' Wiese
Bin i gange,
Lugt i Summer -
Vögle a;
Hänt gesoge,
Hänt gefloge,
Gar z' schön hänt s'
Getan.

Und da kummt nu
Der Hansel,
Und da zeig i
Em froh,
Wie sie's mache,
Und mer lache
Und mache 's
Au so.
(1810/1812)

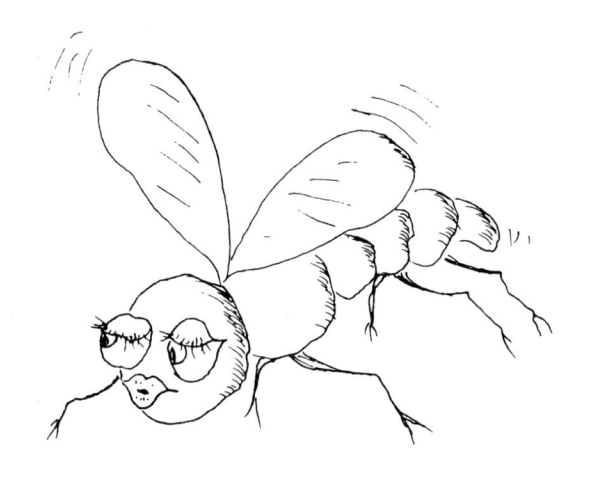

## EINS UND ALLES

Im Grenzenlosen sich zu finden,
Wird gern der einzelne verschwinden,
Da löst sich aller Überdruß;
Statt heißem Wünschen, wildem Wollen,
Statt lästgem Fordern, strengem Sollen
Sich aufzugeben ist Genuß.

Weltseele, komm, uns zu durchdringen!
Dann mit dem Weltgeist selbst zu ringen,
Wird unsrer Kräfte Hochberuf.
Teilnehmend führen gute Geister,
Gelinde leitend höchste Meister
Zu dem, der alles schafft und schuf.

Und umzuschaffen das Geschaffne,
Damit sichs nicht zum Starren waffne,
Wirkt ewiges, lebendiges Tun.
Und was nicht war, nun will es werden
Zu reinen Sonnen, farbigen Erden;
In keinem Falle darf es ruhn.

Es soll sich regen, schaffend handeln,
Erst sich gestalten, dann verwandeln;
Nur scheinbar stehts Momente still.
Das Ewige regt sich fort in allen:
Denn alles muß in Nichts zerfallen,
Wenn es im Sein beharren will.
(1821)

*Oder? Ich ähh ... Verdammt, jetzt hab ich den Text vergessen.*

## DER BRÄUTIGAM

Um Mitternacht, ich schlief, im Busen wachte
Das liebevolle Herz, als wär es Tag;
Der Tag erschien, mir war, als ob es nachte —
Was ist es mir, so viel er bringen mag?

Sie fehlte ja! mein emsig Tun und Streben
Für sie allein ertrug ichs durch die Glut
Der heißen Stunde; welch erquicktes Leben
Am kühlen Abend! lohnend wars und gut.

Die Sonne sank, und Hand in Hand verpflichtet
Begrüßten wir den letzten Segensblick,
Und Auge sprach, ins Auge klar gerichtet:
Von Osten, hoffe nur, sie kommt zurück.

Um Mitternacht, der Sterne Glanz geleitet
Im holden Traum zur Schwelle, wo sie ruht.
O sei auch mir dort auszuruhn bereitet!
Wie es auch sei, das Leben, es ist gut.
(1824)

## VERMÄCHTNIS

Kein Wesen kann zu nichts zerfallen!
Das Ewge regt sich fort in allen,
Am Sein erhalte dich beglückt!
Das Sein ist ewig: denn Gesetze
Bewahren die lebendgen Schätze,
Aus welchen sich das All geschmückt.

Das Wahre war schon längst gefunden,
Hat edle Geisterschaft verbunden;
Das alte Wahre, faß es an!
Verdank es, Erdensohn, dem Weisen,
Der ihr, die Sonne zu umkreisen,
Und dem Geschwister wies die Bahn.

Sofort nun wende dich nach innen:
Das Zentrum findest du da drinnen,
Woran kein Edler zweifeln mag.
Wirst keine Regel da vermissen.
Denn das selbständige Gewissen
Ist Sonne deinem Sittentag.

Den Sinnen hast du dann zu trauen,
Kein Falsches lassen sie dich schauen,
Wenn dein Verstand dich wach erhält.
Mit frischem Blick bemerke freudig
Und wandle, sicher wie geschmeidig,
Durch Auen reichbegabter Welt.

Genieße mäßig Füll und Segen;
Vernunft sei überall zugegen,
Wo Leben sich des Lebens freut.
Dann ist Vergangenheit beständig,
Das Künftige voraus lebendig,
Der Augenblick ist Ewigkeit.


Und war es endlich dir gelungen,
Und bist du vom Gefühl durchdrungen:
Was fruchtbar ist, allein ist wahr —
Du prüfst das allgemeine Walten,
Es wird nach seiner Weise schalten,
Geselle dich zur kleinsten Schar.

Und wie von alters her, im stillen,
Ein Liebewerk nach eignem Willen
Der Philosoph, der Dichter schuf,
So wirst du schönste Gunst erzielen:
Denn edlen Seelen vorzufühlen
Ist wünschenswertester Beruf.
(1829)

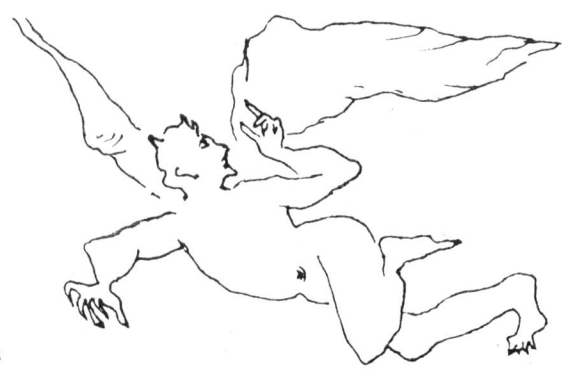

Goethe?
Who's Goethe?»

153

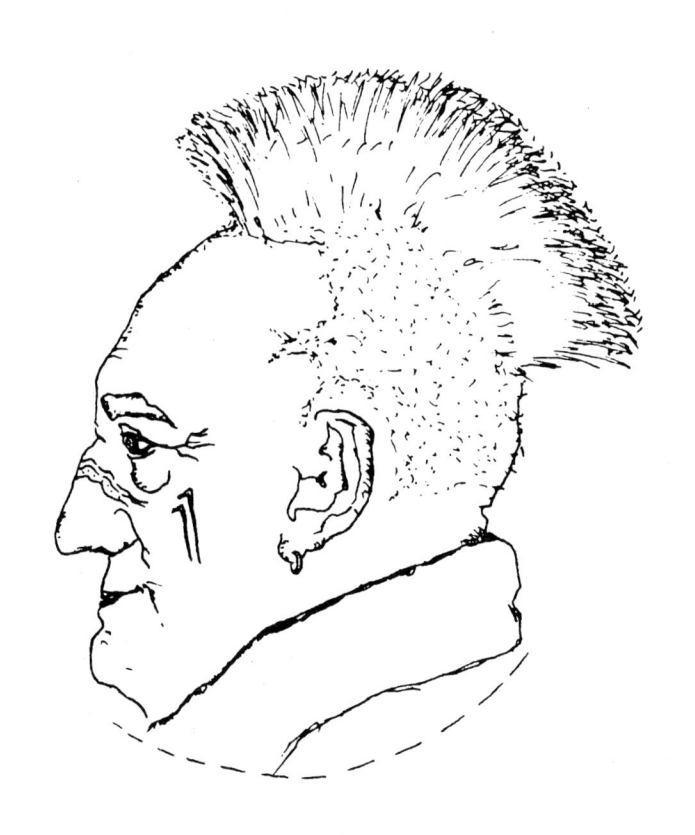

Wenn dir's in Kopf und Herzen schwirrt,
Was willst du Beßres haben!
Wer nicht mehr liebt und nicht mehr irrt,
Der lasse sich begraben.

Ich kann mich nicht bereden lassen,
Macht mir den Teufel nur nicht klein:
Ein Kerl, den alle Menschen hassen,
Der muß was sein!

Getretner **Quark**
Wird breit, nicht stark.

(Auch von Goethe)

Für ihre ahnungslose Hilfe danken wir Albrecht Dürer, William Thackeray, Graf Pocci, Eugène Delacroix, Gustave Doré, Friedrich Wilhelm Delkeskamp, Friedrich Preller, Josef Karl u. a.

Wer jetzt noch nicht genug hat, dem empfehlen wir zum Weiterlesen:

— Lutz Görner, GOETHE FÜR ALLE, Verlag des Theater Forum Köln

— Goethe — Ein Lesebuch für unsere Zeit, Aufbau Verlag, Berlin (DDR) und Weimar

— Die Taschenbuchausgaben von Goethes Werken aus dem Insel Verlag und dem Deutschen Taschenbuch Verlag

— K. R. Eissler, goethe. eine psychoanalytische studie, 2 Bände, Verlag Stroemfeld/Roter Stern